胡岳潭◎著

谜案重重的王陵

IMPERIAL TOMBS

台海出版社

秦始皇陵：骊山脚下的第一皇陵

1974 年春天，西杨村挖一眼大井。当挖到三米多深的时候，井的西壁出现坚硬的红色土，有人认为这里可能有古窑。再往下挖五六米，挖出了一个似真人的陶土人头……由此一个庞大的地下军团被发现了。

汉武帝茂陵：西汉王陵之最

时至今日，茂陵山上已经没有了往昔的辉煌与喧嚣。揭开茂陵的神秘面纱，这座频频被盗墓贼光顾的帝王陵墓，是否还能向我们诉说盛极一时的汉武雄风呢?

汉光武帝原陵：有悖风水之说的神秘陵墓

原陵有着其他陵墓没有的奇怪之处，从风水学上来看，它完全不是一片吉壤。但也正因此，它成了皇陵的一道奇特风景，引得后人观望与惊叹。

帝王陵——帝王身后的辉煌（上）

唐太宗昭陵：气象万千的大唐雄风

依山为陵到底是为了节省，还是谨防盗墓？作为陪葬陵最多的帝王陵墓，昭陵又揭示了怎样一种君臣父子的关系？昭陵六骏又承载了怎样的历史谜题？

唐高宗、武则天乾陵：一对夫妻的归息之所

乾陵，是中国乃至世界上唯一一座埋葬了一对夫妻两代帝王的陵墓。尽管在风雨之中飘摇了1300年，但竟然未遭盗掘，实属罕见。到底是怎样的机关暗道使乾陵幸免于难？

宋太祖永昌陵：迁都洛阳的踏脚石

从河南巩义市出发，沿郑洛公路西南行40里，再徒步南行七八里，就到了一个名叫“龙洼”的地方。这里就是宋朝开国皇帝赵匡胤的墓地——永昌陵。

明祖陵：深埋湖底、历尽沧桑的先祖

明祖陵有一个遥远的传说，洪泽湖中有个“大墓头”，这就是那一带人民偶尔提起的故事……

明成祖长陵：人殉的死灰复燃

长陵是明十三陵中的首陵，地处天寿山兆域正中，是明成祖朱棣和皇后徐氏的合葬墓，也是明代保存最为完好的帝王陵墓。

清永陵：解密清朝兴衰的风水龙脉

永陵是著名的清初关外三陵之首（另外二陵是坐落在沈阳的福陵和昭陵），也是我国现存规模较大、体系完整的古代帝王陵寝建筑群。

道光皇帝慕陵：史上最“虚伪”的帝陵

道光皇帝一生崇俭戒奢，向来为人们所称道。唯有一件事构成了对其节俭人生的绝妙讽刺，那就是关于修建死后居所——慕陵的惊人靡费。

帝王陵——帝王身后的辉煌（下）

明太祖孝陵：草根皇帝的地下王国

明孝陵位于南京钟山，是明朝开国皇帝朱元璋的安息之所。在皇帝的光环卸去之后，留下这样一座宏伟、神秘的陵墓，成为他宏伟一生基业的最终归宿。

万历皇帝定陵：费银八百万，奢华赛祖陵

定陵是唯一一座在考古学家手中发掘的古代帝王陵，几十年过去了，当年开掘的种种神秘和不安，都已湮没于如织的参观者喧嚣的人流中了……

雍正皇帝泰陵：躲避复仇的无奈之举

雍正帝对于葬地的风水要求如此苛刻，经过长时间的卜选，相中了河北易县永宁山。在此建造了泰陵。

慈禧太后陵：比紫禁城还奢华的陵墓

慈禧太后两度垂帘，把持清王朝朝政长达48年之久。她利用至高无上的权力不惜工本重修了她的陵园，我们不难想象慈禧墓中随葬的宝物也必然是多得惊人。

曾侯乙墓：水下余生的地下宝殿

31 年前，在随州城郊一个名为擂鼓墩的小山包上，发生了一件轰动全国、震惊世界的大事，一段鲜为人知的历史也从此昭然天下……这就是曾侯乙墓，谜一般的地下宫殿，雾一样的千年往事……

大葆台汉墓：黄肠题凑造就的灵魂居所

大葆台汉墓内条木总数约 15000 根，相当于 122 立方米木材，这座古墓仅一项木墙，用材之多简直相当于一座森林！

马王堆汉墓：金玉包裹的永生神话

1971 年的一次偶然机会，一场惊心动魄的“火灾”却真的为我们带来了几千年前的神秘汉墓和数之不尽的奇珍异宝……

诸侯墓——诸侯未偿的夙愿

中山靖王刘胜陵墓：满城尽带金玉衣

随着满城汉墓的惊现，世人又重新把目光投向这里。高规格的金缕玉衣、数量巨大的酒器、削发如泥的宝剑……

曹操高陵：一代奸雄的最后心机

七十二疑冢的秘葬传说，又是否真的是这位生性多疑的权谋家留在世间的最后心机呢？游走在历史的虚实之间，就让我们一起去探访曹操最后的归宿。

印山越王陵：传说中越王勾践的长眠之地

在印山之上，埋藏了一座春秋晚期至战国初期的大型墓葬。由于墓地位于越国故地，又形制甚高，人们纷纷推测这会不会是越王勾践的墓冢？

南诏国王陵：一半传说，一半历史的极乐南国

南诏国王族的陵墓至今杳无踪影，如谜一般消失在南国大地之上。我们不禁追问南诏究竟有没有王陵？如果有，又是以何种形式，葬于何处呢？

异族坟——茔藏异族远去的秘葬（上）

南越王墓：石室之中的龙钮金印

南越国却在与汉武帝的南征大军进行了一场殊死的较量后灰飞烟灭，而南越王朝的墓葬似乎也随着这场战争，谜一般地消失了。

金太祖陵：兴也风水，败也风水

经初步考证，在房山区周口店镇龙门口村北的九龙山主峰下大宝顶前约 15 米处，一个原本被当地农民当作普通蓄水池的大石坑为金太祖完颜阿骨打的睿陵。

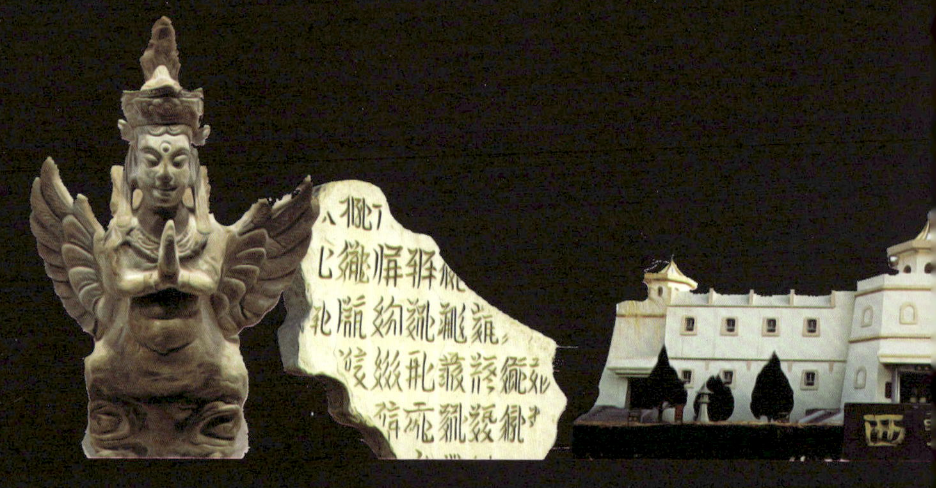

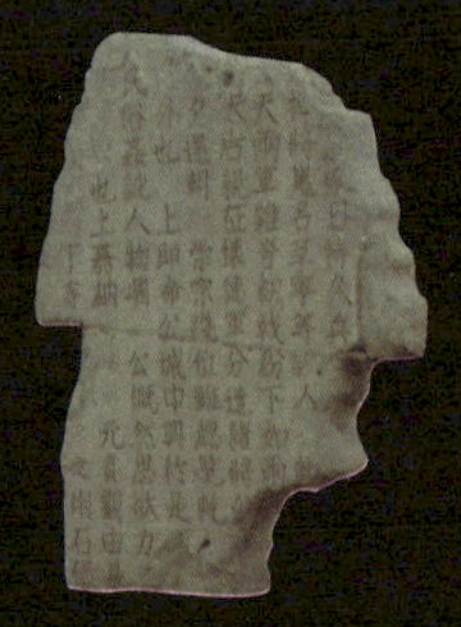

西夏王陵：探究西夏王国的神秘钥匙

西夏王陵没有秦陵的铺张，没有唐陵的华彩，没有明陵的气派，没有宋陵的考究，却更表现出一种磅礴的气势。

异族坟——
茔藏异族远去的秘葬（下）

辽太祖祖陵：凿山为殿，沉睡千年

926 年，阿保机死于出征途中，次年下葬于祖陵。辽末，金人的一把大火将祖陵烧得七零八落，祖陵的许多问题因此成为千年的难解之谜。

成吉思汗陵：大草原上的迷人传说

成吉思汗的陵墓究竟在哪，陵墓中随葬了多少的稀世珍藏？直到现在，这仍然是一个困扰着考古学家和探险家的不解之谜，成了大草原上最迷人的传说……

目录

Contents

第三篇 异族坟

前言

FOREWORD

整个世界就是一个巨大的谜团。

时间则是谜团唯一的操盘手。

人类是置身其中的困兽。

也是唯一试图与之抗衡的对手。

时间匆匆而过，残酷冷漠，它不带温度地微笑着，俯视着这个世界，看着从古至今周而复始的悲欢离合和营营役役。

它从不随意在人间翻云覆雨，捉弄于人。

它只是耐心地等待着，等待阴谋家从黄口小儿成长为朝中权臣，权力在他们的手掌之间左移右转；而大多数人从日出而作再到日落而息，汗水从他们的腰背之间滚落；躲在角落的女人们则从天真烂漫变得苦闷忧愁，青春从她们的眉宇之间倏然而逝。

它等待着一切都成为过去，成为在这个世界里永远无法解开的谜团。

若要时间垂手认输，那就要令江河倒流，死者转生。

所以最终还是我们输掉了这场苦战。

而时间也自认是胜者。

我们用纸莎草和泥板，竹简和青铜，用文字和语言刻下与时间的恶斗，妄图打破这场战斗的困局。

纸莎草和泥板随着酷暑和暴雨渐渐被涂抹掉痕迹。

竹简和青铜倒是稳定些，却也到底在不断更迭的朝与代间隐秘消失于世间。

语言不同，人类试图建造的巴别塔成为永远废止的计划。

文字易逝，书刻下的一切都被时间用大手抹去。

我们似乎扳回了颓势，向着外太空发送卫星，向着地里凿进时空胶囊，看起来似乎逃脱了时间的魔爪。

但我们该怎样追忆过去呢？

追忆人类世界不过短短几千年的最初阶段？

那些仅凭着口耳相传的古老传说，伴随着游吟诗人的足迹，在荒凉的草野间、人声鼎沸的闹市里，留下已遥不可及的追忆。手执剑戟，背缚甲胄，赤脚战斗的铁血男儿嘶吼着战斗，将生命献祭于女神雅典娜。

而沙漠中一声声悠扬却悲凉的驼铃声，却无法让人从中追回那拥有迷人笑靥的楼兰少女。那块沙中绿洲，域外仙境就像是一段曾经萦绕在耳边的乐曲，令人心驰神往，却也捉摸不透，更像是一阵从往日飘来的风，穿过手指尖，却留不下一丝痕迹。

我们能亲见的，只是锈迹侵蚀下颜色已如泥土的废铜残铁，它曾经被人怎样珍视把玩，用丝绸包裹着，用各色宝石缀满它的鞘，在怎样一场注定悲剧的阴谋中登上它的舞台，刺进谁的皮肤，啜饮过多少人的鲜血。

我们能寻见的，只有滚滚黄沙中青春已成枯骨的神秘尸体。她曾经是谁万分疼爱的女儿，被幸福簇拥着，被鲜花赞美衬托她的美，在经历一场怎样的风花雪月后迎来她的归宿，遭受何种病痛，在泪水和孤单中死去。

无法停止前进的脚步，也无法停下回溯的步伐。

我们因未来而充满希望，也因过去而充满悲伤。

但我们仍不愿放弃回首追寻，我们迫切地寻找着，寻找着那些历史真实存在的证据。

宇宙存在了130多亿年，太阳存在了50多亿年，地球存在了将近45亿年。而人类，只存在了区区300多万年。在漫长的时光里，我们就是恒河中的一粒沙，太过脆弱渺小。

而越是了解这个世界的浩瀚，我们就越为自身的短暂而悲叹。

一个人，一生不过短短百年。

夜里仰望星空，感怀银河无穷，星光熠熠闪烁，目中所见皆是千万年前的光彩。

而这一切都绝不会再重来。

正如此刻的你我，正书写着自己独一无二的历史。

无法超脱时间的我们只能在这整个世界的谜团下过活。

我们的目光越是看向前方，心就越是想找寻那遥远曾经的模样。

但你是否也曾像我一样，无数次在梦中与那些未解的传说一次次照面，却又在醒来后怅然若失。

那不曾亲历的往事，那不曾亲见的历史，那不曾亲闻的语言，那不曾亲触的宫殿。

一切的一切，又如何能不让人心驰神往?

这故事、这传说、这往事种种，都是绝版的风华，世间的唯一。

因此我们决定写下这部书稿，给所有仍愿将目光投向那一段段风沙难掩的历史的你们。我们已离那些历史太过遥远，不曾亲历，无法回忆，只能用苍白的笔墨尽力书写在风中仍传扬的曾经。那些悲欢离合、国仇家恨是真的；那些雕梁画栋、金碧辉煌也是真的；那些金银珠玉，地下银河更是真的。

虽不能带你亲历，但我仍愿邀你一同探寻曾在这个世界上存在过、发展过、繁荣过的古老文明。去看一看曾经在遥远的南美大陆上的神秘而优秀的文明，他们有着稍显怪异的生活方式，却拥有格外优秀的天文历法，还有能与大洋彼岸的埃及金字塔遥相呼应的玛雅金字塔。在茂密的丛林深处，又是怎样一点点破败，成为一段没人能够讲述的文明传说……

再去看一看骊山深处的那个无法开启的千古第一墓，做了千古一帝还不够，嬴政还要将他的帝国完整复制带入他的亡灵世界。用珠宝镶嵌而成星空，用水银铺就而成江河，用千百陶俑而成军队。去看一看这千百年来世界各地的帝王们为自己打造的死后乐土。铁木真随意埋葬的一方草原、法老为了重生而耗人力千万终成奇迹的金字塔……

又或是同你一起去瞧一瞧当年集普鲁士国王和沙俄几代王室的积攒而成的举世珍宝琥珀屋。闭上眼，琥珀发出的光芒仍会在你的眼前映出一片金黄明亮的柔和光芒。金黄浅红的琥珀无不散发着宝石一般的色泽，温柔又动人，描绘出你能想象得到的极致浪漫。那些宝藏由人类所汇聚，又因人类而遗失，令人忍不住为之扼腕。

再去瞧瞧与春秋战国同一时期却成长为一个我们不曾熟悉，同样拥有迷人又灿烂的历史的古蜀国。三星堆是那个文明留给我们的，一个发现奇迹的地方。无法理解的青铜神像，造型夸张却又笔触柔美完整的青铜面具。古蜀国曾拥有怎样一个完备又神奇的历史?

我们无法亲眼重见那些过去，但在纸面上，我期待能够将你领入那一个个满是神秘的过去。

那些被时间无情隐去的碎片，我们撷来涂展在纸上。在这场与时间的争斗中，我们绝不会轻言放弃。

且去阅读，且去一品那时间之手深藏的佳酿。

第一篇 帝王陵

帝王身后的辉煌

秦始皇陵：骊山脚下的第一皇陵

1974 年春天，干旱袭击了陕西省临潼县（今临潼区）的西杨村。焦虑的村民希望地下水能够拯救他们枯萎的庄稼，西杨村生产队决定在村里挖一眼大井。3 月份的一个黄昏，干涸的土地上尘土飞扬，村民们的铁锨、镐头轮番敲击着，但去掉表土之后的土地却丝毫不见松软，反而越挖越硬。当挖到三米多深的时候，井的西壁出现坚硬的红色土，有人认为这里可能有古窑。再往下挖五六米，挖出了一个似真人的陶土人头。随着这个陶土人头的出现，还出土了铜箭头、铜镞、弩机和秦砖……由此一个庞大的地下军团被发现了。

秦始皇为何长眠骊山

骊山以它特有的温泉和风景闻名于世。西周末年的周幽王与爱妃褒姒曾在这里演出了一场烽火戏诸侯的历史惨剧，从而葬送了西周王朝。秦始皇建陵于此，也造成了二世而亡的悲剧。骊山到底是福地还是祸源？秦始皇又为何钟情于骊山，建陵于此呢?

从中国古代的传统风水之说看，骊山绝对是一块福荫之地。古人把墓地的选择

骊山

看作一件造福于子孙后代的大事，尤其是秦始皇这个企图传之于万世的封建帝王自然对墓地的位置更加重视。《水经注》载："秦始皇大兴厚葬，营建冢圹于丽戎之山，一名蓝田。其阴多金，其阳多玉。始皇贪其美名，因而葬焉。"骊山之南的蓝田玉闻名于世，现代地质队曾在骊山北麓开凿金矿。从视死如视生的传统观念分析，秦始皇死后还想把这里的金和玉占为已有。

此外，秦始皇陵园南依骊山，北临渭水，其东侧还有一道人工改造的鱼池水。按《水经注》的记载："水出骊山东北，本导源北流，后秦始皇葬于山北，水过而曲行，东注北转，始皇造陵取土，其地于深，水积成池，谓之鱼池也……池水西北流途经始皇冢北。"而《两京道里记》载："始皇陵南有尖峰，名曰望峰，言筑陵者望此为准。"根据勘察，秦始皇陵封土中心顶端以及外城垣的南北两门与其南边的骊山最高峰望峰南北相对在一条直线上。而每一道峰脊似一个花瓣，秦陵就在花蕊位置。民间称始皇陵为"莲花穴"就是这个道理。

由此不难发现秦始皇陵的风水特点是，南面背山，东西两侧和北面形成三面环水之势。如此一块风水宝地，也就不难解释为什么秦始皇会选中骊山为自己营造身后帝国了。

可以说秦代依山环水的造陵观念对后代建陵也产生了深远的影响。西汉帝陵如高祖长陵、文帝霸陵、景帝阳陵、武帝茂陵等就是仿效秦始皇陵依山环水的风水思想选择的。以后历代陵墓基本上继承了依山环水的建陵思想。

秦始皇陵为何坐西朝东

外观这座巍峨的帝王之墓，其坐西朝东的奇特朝向，给我们出示了第一道谜题。为什么秦始皇陵要选择东西向的墓葬结构，甚至后世会将东西向的墓葬结构作为秦墓的一大辨识特征呢？

骊山陵的巨大封土堆屹立千年，埋藏了尘封的历史与无尽的宝藏。但是为什么秦始皇陵会坐西朝东，这确实是个历史谜题。

虽然真正的原因实在是难以考证，但我们仍可以从历史和传说的记载中加以猜测：

骊山秦陵

众人皆知，秦王好道。秦始皇生前为了得道成仙、长生不老，派遣徐福东渡黄海，寻觅蓬莱、瀛洲诸仙境，并多次亲自出巡。曾东临碣石，南达会稽，在琅琊、芝罘一带流连忘返，这一切无不昭示其对仙境的迫切向往。可惜徐福一去杳无音信，秦始皇亲临仙境的愿望终成泡影。生前得不到长生之药，

秦始皇陵

死后也要面朝东方，以求神仙引渡而达于天国，大概这就是暮年秦始皇的最大愿望。基于此因，秦始皇陵也就只能坐西向东以偿夙愿了。

也有人认为，秦国地处西部，为了彰显自己征服东方六国的决心，秦王嬴政初建东向的陵墓；并吞六国之后，为了使自己死后仍能注视着东方六国，始皇帝矢志不改陵墓的设计建造初衷，所以我们看到的陵墓是东西朝向，显示着这位一代君王的霸主野心。

秦始皇陵坐西向东的独特朝向很可能还与秦汉之际的礼仪风俗有关。根据有关文献记载，当时从皇帝、诸侯到上将军，乃至普通士大夫家庭，主人之位皆坐西向东。秦始皇天下独尊，为了保持“尊位”，陵墓的朝向则可想而知了。

其实，让人不解的不仅是秦始皇陵墓的朝向。据考察,陕西境内已发掘的917座秦墓,绝大部分都是东西向。秦公陵园的32座大墓，也全部面向东方。秦人葬式的这一特点，越是早期越为明显。是什么原因让秦人采取东西向的葬式呢？坚持秦人起源于东方的学者认为，由于东方是秦人祖先曾经劳动、生活过的地方，他们对东方怀有特殊的感情，然而东西悬隔，路途遥远，其间又强敌林立，“叶落归根”的希望非常渺茫，因而采用朝向东方的葬式，以示不忘根本。相反，坚持秦人起源于西方的学者认为，秦人采用“头朝西方”的葬俗，是想彰显他们来自中国西部。

但如果头西足东的葬式表示秦人来自西方的话，那么华夏诸族流行的北首而葬之俗，是否说明他们来自北方呢？现代文化学与民俗学研究者提出了新的见解，认为秦人流行的西首而葬之俗和他们曾流行过的“屈肢葬”一样，与甘肃地区的古代文化或某种原始宗教信仰有关。比如“白马藏人”对本民族盛行的西首葬的解释是，日落归西，人亦随太阳走。也许，秦人对他们的葬式，也有本民族特有的解释。一切都不得而知。

幽幽地宫深几许

这座寄予了秦始皇无限期许的东西向帝王陵墓的地上封土尚且如此壮观，其下所掩埋了千年的地下宫殿又会是怎样的一番规模呢？难道真的像传说中的那般深可见黄泉吗？

《史记·秦始皇本纪》中谈到秦始皇陵的深度时，说到“穿三泉”。《旧汉书》中对秦始皇陵的描述有“已深已极”“深极不可人”之语。据说公元前210年，即秦始皇50岁生日时，丞相李斯向他报告说：“我带了72万人修筑骊山陵墓，已经挖得很深了，连火也点不着了。凿时只听见空空的声音，好像到了地底一样。”秦始皇听后，下令“再旁行三百丈乃至”。而《吕氏春秋》则记载：“浅则狐狸扬之，深则及于水泉”，即最深到泉水。

秦陵地宫

如此听来，莫非当年秦始皇真的将地宫挖到了地表的最深处，与他所向往的仙境的九重天界匹敌？

物理学家曾尝试用现代高科技的手段给出答案。有关专家利用现代高科技研究撰文，推测秦陵地宫深度为500至1500米。但现在看来这一推测，则未免近乎天方夜谭。倘若假定地宫挖至1000米，那它就超过了陵墓位置与北侧渭河之间的落差。那样不仅地宫之水难以排出，甚至会造成渭河之水倒灌秦陵地宫的危险。尽管这一推断太过悬殊，但却首开了利用现代科技手段探索秦始皇陵奥秘的先河。

与此同时，国内文物考古、地质学界专家、学者对秦陵地宫深度也作了多方面的研究探索。根据最新钻探资料显示，秦陵地宫并没有人们想象的那么深。实际深度应与芷阳一号秦公陵园墓室深度接近。这样推算下来，地宫坑口至底部实际深度约为26米，至秦代地表最深约为37米。这个数据应当不会有大的失误，这是依据目前勘探结果推算的。但是否如此尚有赖于考古勘探进一步验证。

何谓“上具天文，下具地理”

无论地宫的确切深度是多少，可以确定的是地宫的规模之庞大、结构之复杂，以及构造之巧妙必定是超乎想象的。《史记》中对于地宫寥寥几句的记述到底是司马迁对帝王陵墓极尽奢华的凭空想象还是确有其事呢？传说与史书赋予了人们对地宫之中“上具天文，下具地理”的想象，其含义究竟是什么呢？莫非地宫之中真的另有乾坤宇宙吗？

面对人们提出的各种奇思妙想和各种猜测，著名考古学家夏鼐先生给出了这样的推断：“‘上具天文，下具地理’应当是在墓室顶绘画或线刻日、月、星象图，可能仍保存在今日临潼始皇陵中。”这个答案显然更加符合常理，也被广为接受。

而近年来的一些考古发现似乎进一步印证了这一推断。位于西安交通大学的汉墓就陆续发现了类似于“天文”“地理”的壁画。上部是象征天空的日、月、星象的壁画，下部则是代表山川的壁画。我们不禁猜测，秦陵地宫上部会不会可能绘有更为完整的二十八星宿图呢？而地宫下部则是否有着以水银代表的山川地理呢？倘若真的如我们所勾画，那在这座有着象征天、地的地下“王国”里，秦始皇的灵魂岂不照样可以“仰观天文，俯察地理”，统治着这里的一切？

北魏学者郦道元关于“下具地理”的解释是“以水银为江河大海在于以水银为四渎、百川、五岳九州，具地理之势”。

此外关于始皇陵以水银为江河大海的记载还见于《史记》，《汉书》中也有类似的文字。但多少年来，这种用水银灌注江河湖海的说法也仅仅是一个貌似天方夜

以水银为江河的地宫

谭的神话，并没有太多人相信这个离奇的传说。谁能够想象在这座秦王地宫之下，水银灌注的湖海会是怎样一幅景象呢？

这种怀疑和猜想直至我们得出秦陵地宫汞含量异常的结论而发生了转折。专家的多次采样分析试验和遥感测量都不约而同地显示出——皇陵封土土壤样品中出现“汞异常”。相反，其他地方的土壤样品几乎没有汞含量。毫无疑问，这意味着《史记》中关于始皇陵中埋藏大量汞的记载是可靠的。这似乎又给了人们一线希望，难道地宫真的宛如《史记》中所描写的这般光怪陆离，不可思议吗？

人们不禁好奇地追问，地宫之中到底是怎样一番景象？民间存在着许多的传说。流传最广的说法是，秦陵的地宫内有水银所制的五湖四海，秦始皇躺在纯金打造的棺材里，游荡在水银制成的江河上，巡视着帝国的领地。当然，在真相不为人知之前，这些仍然只是传说。

秦始皇遗体是否依旧完好如初

倘若真的如传说中的那样，秦始皇死后躺在金棺之中，于地下银河之上，那么历经千年的风霜，这位始皇帝的遗体是否也能像震惊中外的马王堆女尸那般完好如初呢?

虽然单从遗体保护技术来讲，如果相距秦代不足百年的西汉女尸能够很好地保存下来，那么秦代也应具备保护遗体的防腐技术。但问题是秦始皇死在出巡途中，而且更糟的是正值酷暑时节，相传尸体未运多远，便发出了熏人的臭味，为了防止臭味扩散走漏风声，赵高、胡亥立即派人从河中捞了一筐筐鲍鱼，将鲍鱼与尸体放在一起以乱其臭。这样，经过50余天的长途颠簸。直至9月，尸骨终于运回咸阳发丧。

这些说法似乎并非空穴来风，因为《史记·秦始皇本纪》是这样说的："棺载辒凉车中……会暑，上辒车臭，乃诏从官令车载一石鲍鱼，以乱其臭。"这样看来，可能秦始皇的遗体在运送过程中就已经腐烂。若真的是这样，哪怕神仙也是回天乏术了，如今深埋地下，长眠于金棺之中的只能是一具白骨了。

但同时也有人猜测，秦始皇的遗体还有保存完好的可能性。首先从地点来说，秦始皇病死在沙丘平台（今河北广宗县西北）。这里的7月（丙寅日）天气还是比较凉爽的，不像今人所想象的那么酷热难熬。从乘舆的设备来说，秦始皇的遗体放在辒凉车里，即有窗牖的车，闭之则温，开之则凉。

再从秦始皇自身的条件来说，众所周知，秦始皇热衷于炼制丹药，以求长生不老。而古代的方士往往会在丹药之中加入大量的汞，这也很可能就是秦始皇最终致死的原因。但他体内的这些汞元素却阴差阳错地充当了防腐剂的作用，使得他的遗体得以防腐而可能长久保存下来。

当然这种种的猜测只能止步于此，直至我们发掘秦始皇陵，揭开这位帝皇的棺椁之时，才能得到解答。

以上这些谜团只是秦陵地宫众多谜团之冰山一角。我们对地宫的众多了解还只是止步于猜想和勘测，相信这一系列的谜团和疑云将会在未来揭开。

谁是兵马俑的主人

秦始皇死后，为了永享帝国伟业，不仅为自己在地宫之中重现"上具天文，下具地理”的人间景象，长眠金棺之中以求永生，更是为自己营建了一支所向披靡的地下军团——兵马俑。尽管世人对秦陵地宫的真相存在着种种的猜疑和迷惑，但却几乎无一例外地深信尘土之下掩埋了一支誓死效忠秦王的庞大兵马俑军团。然而，近年来却有学者提出了疑问，认为兵马俑的主人根本不是秦始皇。此论一出，立即在学界引起了轩然大波。那么兵马俑的主人到底是不是秦始皇呢？如果不是秦始皇又是谁呢？

提出这一设想的是我国著名史学家陈景元。他认为，兵马俑真正的主人其实是秦始皇的高祖母秦宣太后。那秦宣太后又是何许人也呢？

秦宣太后，姓芈（mǐ），楚国王族，后嫁于秦惠文王。她在秦国统治了41年之久，是中国历史上第一个真正掌权治国的女国君，甚至有人称她为两千多年前的“慈禧太后”。我们又要问，为何说兵马俑不是秦始皇而是她的陪葬呢？

这是因为历史上秦始皇曾经下令将陵墓向外扩展“三百丈”，但秦时的“三百丈”只有690米，所以在秦始皇陵封土之东近两公里的兵马俑，不可能被包括在这一个“三百丈”的界址之中，因而也不可能成为秦始皇陵的一个组成部分。而在《史记·正义》及《陕西通志》《临潼县志》等史料中，都有“骊山：在雍州新丰县南16里；秦始皇陵：在雍州新丰县西南10里；秦宣太后陵：在雍州新丰县南14里”的记载。雍州新丰县的县城，也就是今天临潼区新丰镇的东北不远处，根据上述明确的方位和里程，很容

兵马俑军团

易判断出秦宣太后陵，就在秦始皇陵的东侧偏南、距骊山山脚约 2 里处的西杨村、下和村一带，也就是人们现在所熟知的秦俑坑附近。

这个证据似乎从地理范围上证明了兵马俑的主人有可能并不是秦始皇，而是我们前面提到的秦宣太后。

此外，在兵马俑的身上也发现了一些奇怪之处。比如，一些兵俑的头顶梳有苗裔楚人特有的、偏于一侧的歪髻。而秦宣太后来自楚国，那里正是苗裔聚居的地方。另外，秦俑所着衣服皆非常鲜艳，与秦王朝的尚黑制度有显著差别。而在一些陶俑身上还发现了“芈”字，疑为秦宣太后的姓氏。

这种种迹象仿佛暗示着这个兵马俑庞大军团的主人另有其人。莫非兵马俑的主人真的是秦宣太后？如果兵马俑真是秦宣太后的陪葬，那么哪里才是宣太后的陵墓呢？目前考古学者还没有发现足以与兵马俑匹配的宣太后墓。考据学上强调“孤证不立”，就是单独的一个例子是不能证明一个事物的真实性的，至少凭借现有证据而断定“兵马俑的主人是宣太后而非秦始皇”为时尚早。这也使得陈景元的质疑更多地停留在猜疑假设阶段，也说明当前的秦始皇陵和兵马俑的研究还应进一步地深入探讨。

兵马俑

等待揭开的面纱

眼前这座掩埋了一代帝王及其永生帝国的千年皇陵承载了我们太多的期许与迷惑，谁也不知道幽幽地宫之中到底有多少数不清的奇珍异宝，又掩埋了多少不为人知的秘密。然而由于各种条件的限制，我们迟迟没有对秦始皇陵进行正式发掘。

国家文物局副局长张柏说：“这些文物在墓里埋了

千余年了，已经达到了平衡状态。如果这些文物被挖掘出来，接触到阳光、氧气或者其他气体，就会很快发生变化，这种变化对有些文物来讲是无法控制的。如在中国南方地区曾出土过一些象牙制品，这些象牙制品出土时洁白光滑，不到两个小时却变成了暗色粉末状。”

而陕西省考古所秦始皇陵考古工作队队长段清波研究员也表示说，不挖秦始皇陵是当下人们最合适的选择，因为秦始皇陵太复杂了，超过任何人的想象，虽然部分历史资料记载已经被证实，但现在掌握的情况很多与过去已知的情况相去甚远。

秦始皇陵里的“天文”和“地理”到底指的是什么？地宫之中究竟有几重宫门？秦始皇的棺椁是什么锻造而成，难道真的悬浮于地宫之中吗……像这样的众多谜团可能真的只有等待发掘秦始皇陵的那一天才能得到答案。

秦始皇兵马俑博物馆

汉武帝茂陵：西汉王陵之最

茂陵建筑宏伟，墓内殉葬品极为豪华丰厚，史称“金钱财物，鸟兽鱼鳖牛马虎豹生禽，凡百九十物，尽瘗藏之”。相传武帝的金缕玉衣、玉箱、玉杖等一并埋在墓中。后来有文字记载，说由于汉武帝在位时间长，到后期，陵墓内已经没有地方再放后来搜罗的稀世珍宝了。陵墓四周还有李夫人、卫青、霍去病、霍光等二十多人的墓葬与之相伴。茂陵是汉代帝王陵墓中规模最大、修造时间最长、陪葬品最丰富的一座，被称为“中国的金字塔”。然而时至今日，茂陵山上已经没有了往昔的辉煌与喧嚣，只有一片片残垣断瓦曾目睹过2000年前的奢华景象。揭开茂陵的神秘面纱，这座频频被盗墓贼光顾的帝王陵墓，是否还能向我们诉说盛极一时的汉武雄风呢?

“中国的金字塔”——浩大的茂陵工程

金人赵秉文有诗云：“渭水桥边不见人，摩挲高冢卧麒麟。千秋万古功名骨，化作咸阳塬上尘。”其诗道出了咸阳塬上的历史兴衰荣辱。西汉王朝，历时214年，历经11位皇帝，建陵园11座，有9座位于咸阳塬上，其中最为显贵的有五陵，

汉武帝茂陵

即高祖长陵、惠帝安陵、景帝阳陵、武帝茂陵和昭帝平陵。在这片故地之上，一座座高大的封冢雕刻着历史的沧桑……

在西汉的11座帝陵中，最大的当数汉武帝茂陵，是汉代厚葬之风的典型代表。在中国历史上，如此规模浩大的皇帝陵，只有秦始皇的骊山墓方能与之相比。

汉武帝刘彻是汉景帝的第十子，西汉王朝的第五代皇帝。他是中国历史上一位声名显赫的帝王，在他统治期间，西汉的政治稳定、经济繁荣、国力强大。汉武帝一方面加强中央集权统治，另一方面不断加强国防建设，北征匈奴，出兵两广和西南少数民族地区，开创了西汉帝国的繁荣昌盛局面。

这样一位雄才大略、开疆拓土的帝王，在营造自己的地下帝国时想必也一定是绞尽脑汁，无所不用其极。据《汉书》记载，茂陵始建于公元前139年，即汉武帝即位后的第二年，这一年汉武帝刘彻刚满17岁。

关于茂陵的选址，还有这样一个传说：

即位不久的汉武帝刘彻在一次打猎的过程中，因在茂乡附近发现了一只麒麟状的动物和一棵长生果树，便认定茂乡是一块风水宝地，于是下诏将此地圈禁起来，开始营造陵墓。

史书记载，茂陵开始筹建时，因工程巨大，施工人员和监管官吏众多，工地周围很快成为繁华闹市。公元前138年，茂陵工程进行到第二个年头的时候，汉武帝更是做出了一个惊人的决定——成立茂陵邑。他让一些汉初的功臣贵族以及富豪搬迁到茂陵邑，茂陵邑与茂陵相隔数里，当时搬迁定居的文武高官、富豪、儒士有6万多户。董仲舒、司马相如、司马迁等都先后携家迁到茂陵邑定居。

这座宏伟的帝王陵墓前后历时53年才修建完工，耗费的人力、物力更是超乎想象。《晋书·索绋传》云："汉天子即位一年而为陵，天下贡赋三分之一，一供山庙，一供宾客，一充山陵。"也就是说，汉武帝动用全国赋税总额的三分之一，作为建陵和征集随葬物品的费用。建陵时还曾从各地征调建筑工匠、艺术大师3000余人，工程规模之浩大，令人瞠目结舌。

规模庞大的茂陵

耗费如此人力、物力的茂陵，到底规模如何呢?

目前我们所能见到的这座巨大封丘高46.5米，顶端东西长39.25米，南北宽40.6米。据《关中记》载："汉诸陵皆高十二丈，方一百二十丈，唯茂陵高十四丈，方一百四十丈。"上述与今测量数字基本相符。总占地面积计为56878．25平方米，封土体积848592.92立方米。陵园四周呈方形，平顶，上小下大，形如覆斗，显得庄严稳重。

茂陵的规模远远超过了西汉其他帝陵。西汉帝陵一般高在30米左右，只有汉武帝的茂陵超出了当时的礼制规定。刘邦在世时定了汉陵制，“高十二丈，方百二十步”，但刘彻可能考虑到自己的“丰功伟绩”比刘邦还大，所以营建了“高十四丈，方百四十步”的陵墓。

当年的茂陵除了金字塔状的大型封土之外，在它的周围还有华美壮丽的陵阙、殿阁、房舍等。茂陵分茂陵园和茂陵园区，也叫内城和外城，内城里宫殿和堂倌一应俱全，而茂陵园区内包括陪葬墓，方圆可达数十平方公里。

而今茂陵封土周围仅存留下夯土城的遗迹。考古查明陵园平面几乎为方形，东西长430米，南北宽414米。陵园四面中央各辟有一门，各门距陵墓封土均为百米左右。门外置双阙，每对间距为12米至16米。陵园附近修建了寝园，构成富丽堂皇的庙堂宫殿。1975年，陕西考古人员在陵墓四周发掘出大量西汉时期的建筑材料，其中有虎纹和玄武纹条砖，丹凤纹和龙骨纹空心画像砖，大型青玉兽纹辅首和琉璃壁等，还出土了一块刻有12个字的完整瓦当。经考古学家分析判断，发现建筑材料之处就是当年的寝殿和便殿的所在地。

茂陵东南350米处还有白鹤馆遗址，是供汉武帝游乐用的，属于寝殿的附属建筑物。现存一个东西长53米，南北长40米，高5米的大土台，当地百姓称之为白鹤冢，可能是建筑的台基。

在陵园的东南还建有汉武帝的陵庙龙渊宫。在寝殿和陵庙之间筑有一条规整的通道，为衣冠所出之道，就是说，在祭祀时把汉武帝的衣冠从寝殿中请出来，经此道送进庙里，接受百官祭拜。礼仪结束后，再经此道将衣冠送回寝殿供奉。

汉武帝茂陵的地面建筑已如此规模宏大，那么作为墓葬核心的地宫又将是怎样一番乾坤呢？

“不复容物”的神秘地宫宝藏

相对于庞大的地面建筑，茂陵的核心建筑地宫规模之宏大更是令人瞠目。据《汉旧仪》载：地宫占地一顷，深十三丈，墓室高一丈七，每边长二丈，墓室四面各设有能通过六匹马驾之车的墓道。各墓道门还埋设暗箭、伏弩等机关以防盗。这些机关的设置极其隐蔽，文献记载说：茂陵建成后不久，有个守陵的士兵想偷盗陵墓内的珍品，结果他连第一道墓门都没有过去，就被乱箭射死在墓门边上，可见整个陵墓机关设置的严密。

据说汉武帝的梓宫，是五棺二椁。五层棺木，置于墓室后部椁室正中的棺床上。墓室的后半部是一椁室，它有两层，内层以扁平立木叠成“门”形。南面是缺口，外层是黄肠题凑。五棺所用木料，是楸、梓和楠木，三种木料，质地坚细，均耐潮湿，防腐性强。

梓宫的四周，设有四道羡门，并设有便房和黄肠题凑的建筑，便房的作用和目的是“藏中便坐也”。《汉书·霍光传》曰：“便坐，谓非正寝，在于旁侧可以延宾者也。”简单地说，便房是模仿活人居住和宴飨之所，将其生前认为最珍贵的物品与死者一起殉葬于墓中，以便在幽冥中享用。

虽然茂陵尚未正式发掘，但人们纷纷猜测，在事死如生、风行厚葬的汉代，这位君王的陵墓地宫之中必定是充盈着各种奇珍异宝。也难怪人们这样猜测，在许多史料中都有对茂陵地宫极尽奢华的描述。

《汉书·贡禹传》记载，“武帝弃天下，霍光专事，妄多藏金钱财物，鸟兽钱鳖牛马虎豹生禽，凡为九十物，尽瘗藏之”。从上面的文字中可以看出，刘彻陵墓中陪葬品的数量之丰。后有文字称，“武帝历年长久，比葬，陵中不复容物”。这话就是说，由于刘彻在位时间长，到他死时，陵内已没有空间放那些稀世珍宝了。

从以上记载可以看出，因为汉武帝在位年久，又处在经济繁荣的鼎盛时期，所以随葬品很多，除190多种随葬品外，连活的牛马、虎豹、鱼鳖、飞禽等，也一并从葬。另据记载，康渠国国王赠送汉武帝的玉箱、玉杖，以及汉武帝生前阅读的30卷杂经，盛在一个金箱内，也一并埋入陵墓之中。

又据西汉刘歆撰《西京杂记》：“汉帝送死皆珠襦玉匣，匣形如铠甲，连以金缕。梓宫内，武帝口含蝉玉，身着金缕玉匣。匣上皆镂为蛟龙弯凤龟麟之像，世谓为蛟龙玉匣。”据说，汉武帝身高体胖，其所穿玉衣形体很大，全长1.88米，约有大小玉片2498片，串玉片的金线就有两斤多。

但目前考古界比较忧虑的是，茂陵内的丰富陪葬品还是否完好地保存在地宫中。茂陵曾多次被盗，据《后汉书》记载，当年农民起义军赤眉军攻占长安后，焚烧了皇宫，又“发掘诸陵，取其宝货”。

茂陵中的宝物，搬了几十天，“陵中物仍不能减半”。后来起义军没有钱用时，再一次盗挖了茂陵。在东汉末年，董卓也盗挖过茂陵，他叮嘱吕布，在进入茂陵时注意寻找一种专治哑巴的秘方，因为他的孙女董白是个哑巴。

最大的浩劫在公元881年，黄巢起义军攻入长安，为了筹集军饷，他们将目标指向了茂陵。这次盗掘茂陵地宫，起义军搬运了3天，或许是宝物太多以至大量的金银器皿散落在茂陵周围。民国时期，军阀孙连仲在陵上修筑战壕，被怀疑实为盗墓。

但是，这些盗墓说法，并无具体文字记录，茂陵地宫中的宝物有多少谁也说不清。目前考古界对茂陵还是较为乐观的，一是茂陵修筑了半个多世纪，内部机关重重，很难进去，据《汉书》记载，茂陵除了玄室、明堂留有空间外，其余大都被随葬品堆放得密不透风。茂陵地宫深邃，四周有用石头砌好的护壁。

假设有三五个盗墓者联手，不分昼夜地挖宝，至少要一年到两年才可以掏到墓穴的中心部位。况且，茂陵周围戒备森严，盗墓贼很难得手。所以陪葬品不可能被盗尽，要盗也仅是一部分；二是早期盗墓，仅看重金银珠宝，一些如经书类的文物、当时人们用的器物并不被看重，还会留在地宫中，这也是现在发现的不少被盗多次的陵墓仍能有重大考古发现的原因。

名垂青史的陪葬陵

汉武帝的茂陵之所以名扬海内外，除了空前的规模和无数的珍宝以外，众多的陪葬陵墓也是其中一个重要的原因。正所谓“武帝遗寝峙荒墟，名将佳人左右扶”，茂陵陪葬墓目前共发现了13座，除武帝宠爱的李夫人墓在茂陵西北外，其余陪葬墓均在茂陵以东。文献记载，陪葬茂陵的有公孙弘、上官安、上官桀、敬夫人、李延年等，其中能确定名位的有：卫青墓、霍去病墓、金日磾墓和霍光墓。

李夫人是汉武帝生前的宠妃。梨园世家出身，父母兄弟都以音乐为生。其兄宫廷乐师李延年有绝作《佳人曲》就是称赞其妹李夫人的。曲词曰：“北方有佳人，绝世而独立；一顾倾人城，再顾倾人国；宁不知倾城与倾国，佳人难再得！”成语“倾国倾城”就是因此而来。李夫人自进宫，便得到了汉武帝的专宠，一时间声名鹊起，遮住了三千佳丽。

李夫人去世后，汉武帝对她十分思念，命画家绘制了她的画像，还作赋哀悼，亲选墓地，以皇后礼仪下葬。她的墓俗称英陵，又名“习仙台”，当地百姓称之为“磨子陵”。《三辅黄图》载：“李夫人墓，东西五十步，南北六十步，高八丈。”

今李夫人墓呈长方形封土，在距墓顶13米处内收成台。台东西各边宽3.5米，南北各边宽4.5米，与文献记载基本相符。

李夫人墓

12座陪葬墓中，规模最大、建筑最豪华的当推霍去病墓。霍去病是卫青的外甥，西汉著名的青年军事家。从18岁开始随卫青出征疆场，先后六次出塞与匈奴作战。元狩三年（公元前120年），他曾统率汉军越过居延泽，在祁连山与入侵的匈奴展开殊死大战，大获全胜，歼敌3万余人，俘虏匈奴王5人及王母、单于阏氏、王子、相国、将军等120多人，降伏匈奴浑邪王及部众4万人，占领全部河西走廊。匈奴为此悲歌：“失我祁连山，使我六畜不蕃息；失我焉支山，使我嫁妇无颜色。”而霍去病也因此深受汉武帝的赏识，被封为骠骑大将军。元狩六年（公元前117年），他因病去世，年仅24岁。英年早逝，汉武帝十分悲痛，为他举行了隆重的葬礼，安葬在自己的陵墓旁。出殡之日更是为霍去病举行了隆重的送葬仪式，“发属国玄甲，军阵自长安至茂陵”，从长安到茂陵40公里的路上旌旗蔽日。军队整齐地排列道路两旁，文臣武将身着丧服，恭候迎送，并把他的墓冢建成巍峨的祁连山形状，以表彰其功德。

霍去病墓位于茂陵东侧，墓前有清朝陕西巡抚毕沅立的“霍去病墓”石碑一块。霍去病墓是用岩石垒砌的，南北较长，冢高15.5米。为表彰他在祁连山立下的赫赫战功，特在墓上竖巨石，构成祁连山的形状，并在墓前竖石铭功。另外，霍去病墓冢前陈列着的 14 件石人、石兽等各种巨型石雕也格外吸引眼球。其中一件高 1.68 米、长 1.90 米的石刻寓意最深刻、造型最生动，石刻由一匹战马和一个人组成，这匹战马气宇轩昂，雄壮挺立，威风凛凛，它把一个左手持弓、右手持剑的外族装束的人踏翻在地，并用四条刚健的腿把他紧紧夹住。面目狰狞的外族人仰面朝天，两足上屈，显露凶狠而又无法挣脱的表情，造型简洁，寓意无穷，使人们永远记住这位神勇无比的盖世将军。

望着茂陵的高大封冢和散落在咸阳塬上的座座陪葬陵，不禁感叹，千年之前，汉武大帝和他骁勇善战的武将能臣们，建功立业，开疆拓土；几千年后的今天，昔日的辉煌早已淹没在历史的尘埃之中，即使偶有人前来凭吊，也只能面对着残垣断壁，空悲切了……

霍去病墓

汉光武帝原陵：有悖风水之说的神秘陵墓

原陵的历史其实就是一部中国独有的传说史，而它所在的北邙山的所有墓冢的历史则是一部中国文明史。原陵有着其他陵墓没有的奇怪之处，从风水学上来看，它完全不是一片吉壤。但也正因此，它成了皇陵的一道奇特风景，引得后人观望与惊叹。

诡异的建陵之地

中国有句古话叫“生在苏杭，死葬北邙”，意思就是说北邙是一个风水宝地，倘若死后能长眠于此，那么子孙万代都将因此而受益。特别是它对面就是黄河，更是符合了风水学说的思想：“背山面河，以开阔通变之地形，象征其襟怀博达，驾驭万物之志。”

也正因如此，但凡在中原建都的皇帝都想在死后入住北邙，以福荫后人，江山永固。邙山上下，战国、秦、汉、曹魏、西晋、北魏、东魏、唐、后梁、南唐、宋、元、明等各朝各代君王和显赫人物都在此长眠。把他们的名字排列起来，是一部不折不扣的中国古代史：殷王、东周诸王、东汉诸帝、蜀汉后主、曹魏诸帝、西晋诸

帝、陈后主、后唐明宗、南唐李后主、苏秦、吕不韦、夏侯婴、陈平、贾谊、班超、何进、关羽、石崇、羊祜、裴楷、狄仁杰、杜甫、石守信……

其中，在北邙的东汉帝陵一共有5座：光武帝的原陵、安帝的恭陵、顺帝的宪陵、冲帝的怀陵，以及灵帝的文陵。然而在这5座陵墓之中，却有一座特立独行，选址蹊跷。其他四陵皆在邙山之阳，唯有一座坐落在邙山之阴的黄河滩上。

汉光武帝原陵

即使是普通百姓，也认为房后有山，房前有河是大吉之地。但这座诡异的陵墓却恰恰相反，好比是房门开在山前，房后是河——南倚邙山，北临黄河。而这座陵墓的主人就是东汉光武帝刘秀。

光武帝刘秀，字文叔，南阳蔡阳（今湖北省枣阳西南）人，汉高祖刘邦九世孙，南顿（今项城市）令刘钦之子。更始三年（公元25年）六月即皇帝位，改元建武。建武中元二年（公元57年）崩，葬原陵，寿63岁，在位33年。光武帝是中国历史上文治武功卓著的一代中兴英主，他亲执权柄，以柔道治国。

然而这样一位中兴英主的原陵方向却面南背北，着实有些奇怪。原陵的南面是山，北面是河，也就是所谓的“枕河蹬山”“汉皇仰卧”。然而这些讲法在风水学来说是极不提倡的。风水之说在中国由来久矣，而自古帝王的陵墓更是极为讲求风水，从选址到朝向、建制，一一不得马虎。可是这位东汉的开国之君为什么会选择一个有悖于风水之说的建陵之地呢？

关于这个问题，民间还流传着这样一个有趣的传说：

刘秀有个王儿从不听话，命他向东他偏往西，叫他打狗他却撵鸡。刘秀生前早就看好了北邙是块风水宝地。于是在临死前“知子莫如父”的刘秀这次得来个正话反说：故意命他把自己葬于黄河之中，这样他儿子才可把他的陵寝置于邙山之上。

于是传旨王儿来病榻前，嘱曰：“父命中缺水，归天后汝要把父葬于黄河之中，如此才免干渴之苦。”谁知王儿却一反常态，哭着发誓道：“不孝儿从未聆听过父王之训，如今痛改前非，葬事定遵父嘱。”刘秀一听，叫苦不迭，无奈君无戏言，于是长叹一声便驾崩了。后来王儿公布遗诏，并征集天下能工巧匠，打造龙舟灵柩。入殓后，便把灵柩抛入滚滚黄河之中。说来也怪，此时河水突然咆哮着向北滚去。灵柩落处瞬间成为一片平地，并有个陵丘拔地而起。据说原陵虽然置于黄河滩上，但历来黄河泛滥却从未侵害过。当然黄河水不侵，只是因为这里的河床南高北低，河水只能倒向北岸，水流越急，向北冲得越厉害。

当然，这只是传说而已，是人们因为无法解释原陵的反常现象而编织出的一厢情愿的解说，并无恶意，相反，为原陵增添了一丝神秘的、饶有趣味的色彩。

事实上，从公元 50 年开始，刘秀就在北邙山与黄河之间修建自己的陵墓。但刘秀是否和其他帝王一样为自己修建陵墓劳民伤财，历史并无确切的记载。他只是对负责修建陵园的窦融说过这样一段话，他的陵园要“所制地不过二三顷，无为山陵，陂池裁令流水而已”。意思是说现在建陵占地不要越过二三顷，不要起山陵，只要能让雨水排出就行了。这完全符合了原陵的规模和位置。

临终前刘秀又再次下旨强调：我在世时无益于天下平民百姓，丧葬时应像文帝那样陪葬以瓦器，不要用金、银、铜、锡等贵重物品，要因山为陵，不起坟堆，各地刺史及其他官吏要忠于职守，不要来京奔丧，也不要递送吊唁奏章。所以，他的陵园在营造之初，并无任何奢华的建筑。园中的柏树，还是在隋唐时期栽植的。这完全符合原陵的规模和位置。

但是从汉朝初年开始，皇陵建制已经有了一定的制度所遵循，即使刘秀不想在自己的坟墓上奢侈浪费，但终究逃不出传统和后代的孝顺。后来原陵被董卓挖掘，曹丕对此事评价说，原陵被挖，罪在汉明帝。这句话背后的意思是，四年后刘秀死掉，汉明帝将原陵建造得奢华无比，所以才招来了董卓的盗掘。

原陵三奇的传说

然而，原陵的奇特之处远不止陵墓的独特建构这么简单。

光武帝陵南依邙山，北临黄河，近山傍水，蓊蔚峭拔，陵区呈长方形，由祠庙、方丈院、陵园三部分组成。墓冢位于陵园正中，呈圆形，土丘，冢高20米，周长487米，园内现存古柏1500株。整个陵园郁郁苍苍，肃穆庄严。陵园侧有光武帝祠一座，其左前方有宋代开宝六年（公元973年）新修后汉光武帝庙碑一块，碑文内容是歌颂光武帝由南阳起事，决昆阳之战、破邯郸之垒、定都洛阳等功业。在祠殿前左右两侧，还竖有元、明、清、民国时期的石碑四通，分别记录了重修祠庙和原陵沿革的史料，十分珍贵。

陵前有一块穹碑，碑身镌刻“东汉中兴世祖光武皇帝之陵”。其中“中兴世祖”四字尤为明亮。传说过去老百姓多到这里抚碑择吉问凶：人离碑十步，双手平伸，闭目走去，能摸到这四个字就是吉兆。殿前甬道两侧，原有巨柏28株，巍然挺立，排列整齐，各有名讳，象征辅佐刘秀打天下、定社稷的云台28将，俗称二十八宿柏。

原陵松柏

关于这些松柏还有一个传说：据说，当初汉明帝把存有刘秀的尸体的棺材投放进黄河时，黄河突然改道，显出一座土丘，土丘周围忽然就生长起了密密麻麻的柏树。至于柏树有多少，没有人数过。

后来，有位大将军路过此地，一心要知道柏树的数目。他就命令士兵用纸条贴树编码，当很快要贴完时，突然狂风大作，正在数柏树的士兵被刮得找不到北。同时失去了算术能力，等他们清醒后，树上的纸条已无影无踪。他们终究还是只记得有二十八棵特别粗大的柏树，就是象征那些称得上是开国功臣的“云台二十八将”。

柏树之奇还不仅仅于此。诸多柏树中有两种分别叫“鸟鸣柏”和“苦恋柏”的是为柏中一绝。若在“鸟鸣柏”下拍手，林梢就会发出鸟叫声。而最为人津津乐道的则是“苦恋柏”。“苦恋柏”本是自然形成的奇观，一株古柏的树干中，长出了一棵苦楝树。于是，又有了传说：刘秀和他的皇后阴丽华苦苦相恋，最终长相厮守。

阴丽华是南阳新野人，是当地有名的美人儿，年轻的刘秀对她一见钟情，当时还是一介布衣的刘秀有两大人生目标：“仕宦当做执金吾，娶妻当得阴丽华。”后来刘秀果然赢得美人芳心，但由于战争，两人天各一方，苦苦思念。刘秀当了皇帝定都洛阳后，派人把阴丽华接来，长相厮守，共度终生，死后合葬在这里。于是，“苦恋柏”又成“千年等一回”的“千古绝恋”。

原陵的另一奇被称为孟津县的“八景”之一，即“汉陵晓烟”。据志书记载，每年在清明节前后，当天朗气清，霞蔚风息，晨曦初见之时，陵园内陡起紫气弥漫，状若轻烟，飘若浮云，自西向东，姗姗移动，逐渐使整个陵园被缥缈的云烟所笼罩。云烟之中，翠柏红墙，古碑墓冢，野花芳草，若隐若现，恍若置身于仙境之中。当地千百年来流传着这样的趣谈，哪年有此景观，便预兆农作物丰收。现在人们每到阳春三月，清明节将临之时，仍企盼紫烟，祈祷祥瑞。一位古代目睹此景的游者，曾题《汉陵晓烟》，诗云：“昆阳雷雨战犹酣，赤符魂归锁玉函，今日陵园回首处，看他烟树绿毵毵。”青山埋帝骨，大河系英魂。“汉陵晓烟”更增添了人们对光武帝的怀念与仰慕之情。

原陵的另一奇景就是“汉皇仰卧”。每逢秋末叶落，当有人站在陵西300米处东望时，整个陵园看起来就像是仰卧的刘秀，头戴皇冠，身穿龙袍，头枕黄河，脚蹬北邙。此景中的刘秀身长240米，头部由陵北的古柏组成，高50米，脸部的凹凸部分分别由一些参差不齐的柏枝组成，五官和胡子清晰可见，微风吹动柏枝，刘秀的胡须就飘起来。冢上的柏林构成了刘秀的肚子，高60米。冢前甬道旁的两行苍柏恰似刘秀的两腿。汉阙山门外的柏树恰好是刘秀的两只脚。如果你站在陵西300米处，看到这一奇景，你一定会感叹帝王之威仪。

奢华招来的厄运

既然刘秀的原陵被后世修建得如此奢华宏伟，自然也少不得被盗墓贼侵扰。关于原陵的盗墓故事也不胜枚举，其中有一个“墓现金龙”的传说流传颇广。

据说东汉末年，有个盗墓贼来到邙山，经过多方窥探，了解到原陵右侧铁谢村有个谢家磨坊，有一张丝箩可以帮助人打开刘秀坟。盗墓贼花尽了积蓄，买来丝箩。将分土剑往坟上一插，坐北面南，墓道赫然出现在眼前。随后，他又将丝箩往青石墓门上一挂，只听得一声巨响，雕刻着天龙、金狮的宽厚墓门竟徐徐打开了。盗墓贼小心翼翼地走进去，谁想只见刘秀正端坐灯下，聚精会神地看书。

刘秀听见声响，抬头一望，看到了盗墓贼正毛骨悚然地站在那里，于是便厉声责问来者何人。贼人自然是胡乱找个理由虚与委蛇。刘秀听罢，不露声色，斥退了这个盗墓贼。但谁想盗墓贼临走还顺手牵羊，偷拿了一个墓中随葬的锦盒。

待他退出墓葬后，自然是急忙打开锦盒，想看看里面到底藏了什么宝贝。怎料只猛然听得一声响，一条金龙从盒子里奔腾而出，顿时大雨倾盆，金龙盘旋片刻，就飞入天空无影无踪了。盗墓贼吓得面如土色，每跟人谈起此事，都心有余悸。从此再也没人来挖掘过原陵。据说随后就有人倒卖金龙，后被认出是当年下葬原陵的陪葬品，继而被官府收押。这些传说使原陵的盗墓史越发的扑朔迷离……

当然，这些盗墓故事纵然引人入胜也不过是一些传说罢了。尽管如此，历史上光武帝原陵因为建筑宏伟、陪葬珍宝奇物无数，确实使盗墓者趋之若鹜，屡遭侵扰，损失惨重。其中最为严重的一次，就又要算到臭名昭著的董卓身上了。在东汉末年的董卓之乱中，他无耻地盗掘了一批帝陵，而光武帝原陵就成为他第一座染指的帝王陵墓。当年，董卓派大将吕布盗掘北邙山上的皇陵，无论西汉还是东汉王陵，无一幸免。原陵就在这位军阀的无耻挖掘下，不但墓中宝藏被劫掠一空，陵上建筑也遭到了严重破坏。

我们现在见到的原陵已经不是最初明帝为光武帝修建的原陵了，而是宋代开宝六年（公元973年）重新整修的光武陵。所以，它才能重新带给我们那么“蓊蔚峭拔”的形象。时至今日，我们也只能根据陵园内碑文的记载，窥见当年光武帝原陵初始的风貌了……

唐太宗昭陵：气象万千的大唐雄风

唐太宗生前开创了贞观之治，死后也特立独行地开了依山为陵的先河。唐太宗的昭陵在风雨飘摇中经历了 1300 多年，当年巍峨的地表建筑已是断壁残垣，墓中随葬品也是不知所终，唯有那无言的石雕还在诉说往日的辉煌。但所有的这一切都不能掩盖这座昔日金碧辉煌的殿堂所留下的诸多谜团：依山为陵到底是为了节省，还是谨防盗墓？作为陪葬陵最多的帝王陵墓，昭陵又揭示了怎样一种君臣父子的关系？昭陵六骏又承载了怎样的历史谜题？走进昭陵，我们将一一揭晓答案。

破旧立新，因山而建

昭陵，取“集帝王之气”和“文治武功”之意，位于陕西省礼泉县西北 22.5 公里九嵕山的主峰。九嵕山山势突兀，海拔 1188 米；地处泾河之阴、渭河之阳，南隔关中平原，与太白、终南诸峰遥相对峙；东西两侧，层峦起伏，亘及平野。

昭陵的玄宫（即墓穴）就凿建于九嵕山南坡的山腰间。陵园方圆 60 公里，就气势之壮观雄伟而言，可以说是空前的了，在山峰底部建地下宫殿，连同陪葬墓在内，绵延数十里，气势宏大，蔚为壮观。凿山建陵，开创了唐代帝王“依山为陵”的先例。

据《旧五代史》记载：宫室壮丽豪华，和人间没有两样，陵墓的外面又建造了华丽的宫殿，苍松翠柏，巨槐长杨。杜甫在描绘昭陵的诗中称赞说："陵寝盘空曲，熊罴守翠微。再窥松柏路，还见五云飞。"

昭陵的主人唐太宗李世民为建立统一强大的唐王朝跃马征战，屡建战功。后来他发动"玄武门之变"，用武力逼迫高祖退位，自己当上了皇帝。李世民是一个比较有作为的帝王，在他当政期间，出现了历史上著名的"贞观之治"，为盛唐经济、文化的高度发展奠定了基础。这位功在千秋、开创了大唐盛世的一代帝王，由于追求长生不死，误食"灵丹"于公元649年中毒而亡，下葬昭陵。

昭陵的最大特点就是依山而建，依山为陵，开创了唐代帝王墓葬的新建制。可是，唐太宗李世民为什么一改秦汉积土为陵，依山建陵呢？

据说这是由于贞观十年文德皇后临死时给唐太宗说要俭薄，她一再向太宗请求："妾生无益于人，不可以死害人，愿勿以丘垄劳费天下，但因山为坟，器用瓦木而已"，"请因山而葬，不须起坟"（《旧唐书》卷五十一·列传第一·后妃上）。文德皇后死后葬于昭陵。

依山而建的昭陵

关于以山为陵制度的原因，在同年十一月文德皇后葬后，唐太宗撰文刻石的碑上写着：“王者以天下为家，何必物在陵中，乃为己有。今因九嵕山为陵，不藏金玉、人马、器皿，替用土木，形具而已。庶几奸盗息心，存没无累。”这里所说因山为陵，不藏金玉，与其说是为了俭薄，不如说是为了“奸盗息心”更恰当些；虞世南上书唐太宗时就说过：“自古及今……未有不掘之墓。”因此，唐初以山为陵的目的，无非是利用山岳雄伟形势防盗掘而已。

至于为什么会挑中九嵕山，还有一个有趣的逸闻。传说当时决定因山建陵以后，太宗皇帝便找来当时通晓天文地理的两位资深风水术士李淳风和袁天罡，让他们分头出行，为自己和皇后百年之后选择一个安身之处。两人领旨之后，相约南北分路而行，并以 3 年为期，到时回京复命。

分手后，李淳风向北行进，四处遍访。这一日，他来到礼泉地界，发现一座山宛若擎天巨柱，一峰独秀，直插云天，看罢好不高兴，登上这座高山，更是气象万千，浩浩渭河之水穿行其前，滔滔泾河蜿蜒左右，八百里秦川俯收眼底，尽现一派九五之尊的王者霸气。于是，李淳风连忙盘腿打坐，屈指掐算。终于，他在山腰一道山梁的中间找准了一处穴位，并埋下一枚铜钱以作标识。

接着，他又继续前行，直到复命之日也没找到更能令他满意的地点。话说袁天罡择南路而行，一路找寻无果，正当他懊恼之时，也来到了礼泉地界的九嵕山，遂眼前一亮，把一根银针插在了他认为满意的地方，便也一路欢喜地回京复命。二人回到京城后，一块来到宫中复命，太宗李世民听到二人都选在九嵕山，便深感惊讶，就和他们一起来看个究竟，结果竟是袁天罡的银针正从李淳风埋设的铜钱孔眼中插入，不得不令人拍案称奇。就这样，一代明君唐太宗的陵寝昭陵便定址在九嵕山。

据说昭陵建制十分奢华，其工程是由唐代著名美术家阎立德、阎立本兄弟精心设计的。其平面布局既不同于秦汉以来的坐西向东，也不是南北朝时期“潜葬”之制，而是仿照唐长安城的建制设计的。昭陵的陵寝居于陵园的最北部，相当于长安的宫城，可比拟皇宫内宫。

据史书记载，昭陵玄宫建筑在山腰南麓，穿凿而成。初建时由于玄宫前面山势陡峭，来往不便，又顺山旁架设栈道，悬绝百仞，左右盘旋，绕山 300 米，才到达墓门。文德皇后先葬于玄宫，而栈道并未拆除，就在栈道旁之上建造房舍，供宫人居住，待太宗葬毕，为了保护陵寝安全，方拆除栈道，使陵与外界隔绝。玄宫深 75 丈，石门五道，中间为正寝，是停放棺椁的地方，东西两厢排列着石床。床上放着许多石函，里面装着殉葬品。墓室到墓口的通道上，用3000块大石砌成，每块石头有两吨重，石与石之间相互铆住。据《新五代史·温韬传》载，“宫室制度闳丽，不异人间”。

中室为正寝，东西厢房中摆放着石床，床上石函的铁匣里全部是前代的书画，其中就有东晋大书法家王羲之手书的《兰亭序》真迹，这是太宗之子高宗谨遵父命陪葬的。墓门外沿山腰还建有许多木构的房舍游殿，供唐太宗的灵魂游乐，里面还有宫人小心侍奉如常。昭陵陵山四周还围绕建有垣墙，墙四隅建有角楼，墙正中各开一门，南曰“朱雀”，北曰“玄武”，东曰“青龙”，西曰“白虎”。

数量空前的陪葬陵

昭陵的另一个突出特点，就是庞大的陪葬墓群。昭陵有多少陪葬墓？这些陪葬墓主是些什么人？他们和唐太宗又是一种什么样的关系呢？

唐陵陪葬是沿袭了汉代制度：皇陵余地赐亲属、功臣、将相陪葬，给东园秘器。唐太宗李世民于贞观十一年诏令建陵时说：“自今以后，功臣密戚及德业佐时者，如有薨亡，宜赐茔地一所。”后又准许功臣自请陪葬，而且这些大臣的子孙也可以随父、祖葬于昭陵。

昭陵玄宫

据《小方壶斋舆地丛钞》载：“九嵕山下陪葬诸王七、嫔妃八、公主二十二、丞郎三品五十有

三、功臣大将军以下六十有四。”陪葬墓数目之多，是历代帝王陵寝之冠。从而以昭陵为中心，形成了一个庞大的陪葬墓群，向南辐射成扇面形状，排列两侧，益发衬托出昭陵至高无上的气概。陪葬者除了皇族外，大部分是文武功臣，他们是李世民父子统一中国，创设大唐帝国的重要人物，此外，有些少数民族首领也有幸陪葬。

昭陵的陪葬墓有四种类型。第一类是依山为墓，如魏徵墓和新城公主墓；第二类是覆斗形墓，如长乐公主和城阳公主墓等，墓前均存有石人、石羊、石虎、石望柱；第三类是圆锥形墓葬，此类陪葬墓所占比例最大，文武大臣们的陪葬墓大多是这种形制；第四类是像山形，如李靖墓等，象征阴山、铁山，同样在墓前有石人、石虎、石羊、石碑，这种特殊形状的墓葬封土，是对有特殊功勋重臣的特殊奖赏。

李勣墓

而这些陪葬墓的排列位置，总体上是依据死者的身份、政治地位及其与皇帝的亲疏关系而周密布置的。据《唐会要》记载：陪葬墓按照文臣武将分为左右而排列，坟高四丈以下，三丈以上。由此可见，唐代的陪陵制度有着严格而周密的规划，它反映了“主尊臣贵”“崇重今朝冠冕”的封建等级思想。

但是，唐朝的陪葬制度到了昭陵就发展到了顶峰，昭陵以后的陪葬墓就急剧减少。据《资治通鉴》《唐会要》《长安志》记载，开创“开元盛世”的唐玄宗泰陵只有太监高力士一人陪葬；颇有作为的唐肃宗建陵也只有郭子仪将军一人陪伴；有“小太宗”之誉的唐宪宗的景陵只有太子、皇后、妃子等4人陪葬。陪葬减少的原因是多方面的，不但跟陵主在位期间的政治气氛和死后的政治背景有关，还与唐朝中后期国力的衰败、中央集权制的逐渐衰微有极大的关系。

昭陵六骏的谜团

如果把昭陵比作一顶美轮美奂的皇冠，那么昭陵六骏浮雕就是上面最耀眼的一颗宝石。这些浮雕原来置放在玄武门内东西两庑，与历代一些帝陵陈陈相因的一般性的石人、石马布局不同，这是唐太宗为了纪念他开国的武功所立。六骏是他当年驰骋战场所骑的六匹战马，名字分别为飒露紫、拳毛䯄、白蹄乌、特勤骠、青骓和什伐赤。相传六骏诸形出于唐代著名画家阎立本之手，由技艺高超的名匠依照图形一一刻在青石屏上，每件石屏刻一匹马。石屏高约1.5米，宽近2米，左上角或右上角都有唐太宗自题的四言赞美诗，由唐代大书法家欧阳询书写，不过，如今字迹已无从辨认了。

从文献中得知，排列在东侧第一的为“特勤骠”，可能是突厥可汗的一个子弟进献的。它载着李世民驰骋汾晋，为收复大唐王业发祥地——太原和河东失地，立下了战功。因此，唐太宗李世民称赞它：“应策腾空，承声半汉，入险摧敌，乘危济难。”

排在东侧第二的为“青骓”，应该为一匹苍白杂色骏马，李世民和窦建德在洛阳、虎牢关交战时的坐骑，一场大战下来，骏马“青骓”身上中了五箭，都是迎面射来的，足见它奔跑起来迅猛异常。李世民称赞青骓马：“足轻电影，神发天机，策兹飞练，定我戎衣。”

昭陵六骏

东侧第三为“什伐赤”，是李世民在洛阳城外、虎牢关前和王世充、

窦建德作战时的又一匹坐骑：在激烈的战斗中，“什伐赤”身中五箭，而且都在臀部，其中一箭是从背后射来的。李世民为其题赞语曰：“瀍涧未静，斧钺申威，朱汗骋足，青旌凯归。”

西侧第一为“飒露紫”，是李世民东征洛阳，铲平王世充势力时的坐骑，被称为“紫燕超跃，骨腾神骏，气詟三川，威凌八阵”。

西侧第二为“拳毛䯄”，是李世民武德四年十二月至次年三月平定河北，与刘黑闼在洺水作战时所乘的一匹战马，身中九箭（前中六箭，背中三箭），战死在两军阵前，称为“月精按辔，天驷横行，弧矢载戢，氛埃廓清”。

西侧第三为“白蹄乌”，是武德元年李世民与薛仁杲在浅水塬作战时的坐骑，赞曰“倚天长剑，追风骏足，耸辔平陇，回鞍定蜀”。

特勤骠

大概由于六骏的战斗经历，再加上石雕艺术的魅力，这组浮雕在民间的传说中充满了神奇的色彩。据说安史之乱时，唐军和安禄山手下将领崔乾佑在潼关展开大战。战斗中，叛军的一队白旗军冲杀悍勇，攻势凌厉，唐军一时难以招架，眼看要败下阵来。突然黄旗招展，不知从何处杀出一队人马冲向白旗军。两个回合的恶战下来，黄旗军杀得贼兵尸横遍野，血流成河，但因寡不敌众，被白旗军团团围在核心，难以突围。

飒露紫

就在这危急之时，忽然阴云四起，狂风大作，飞沙走石，转眼间黄旗军踪影全无，惊得叛军呆若木鸡，仓皇倒退了几十里。后来，昭陵的守陵官员奏报朝廷说，潼关大战那天，昭陵前的六骏个个汗湿欲滴。人们纷纷传说：那队勇猛神奇的黄旗军就是由昭陵六骏和墓前的石人、石马组成的。

然而昭陵六骏留给我们的不只是传说，还有重重谜团。而其中最为人们所欲探知的就是名称之谜和色彩之谜了。

关于昭陵六骏的名称，史料中有比较具体的记载，但对其名称的由来、含义，人们却不甚了解。很多人望文生义，对昭陵六骏的名称进行了各种各样的阐释。有人推测其名称源自波斯语，也有人认为源自粟特文，还有人推断是突厥语或梵文，等等，不一而足。但关于这个问题，史学界始终没有定论，留下了一片谜团。

而色彩之谜就是指昭陵六骏是否有颜色。据专家考证，当年的六骏应该是通体施色的。在北宋年间，一个名叫游师雄的地方官员还在游记中记录了这六骏的色彩。根据记载，“飒露紫”为紫色；“拳毛䯄”为黄色；“白蹄乌”为身体纯黑，四蹄皆白；“特勤骠”为黄白色；“青骓”为苍白杂色，而“什伐赤”为纯红色。由此可见似乎六骏的命名也暗含颜色的意味。但由于现在六骏历经沧桑，颜色已褪，位置又经过移动，所以就进一步加大了根据文献记载来判断它们名称及颜色的难度。

时至今日，如若再度矗立于昭陵之前，我们却只能看见经过修整和复制以后的六骏了。原来，在1914年，“飒露紫”和“拳毛䯄”被盗卖，现陈列在美国费城宾夕法尼亚大学博物馆。中华人民共和国成立后，其余四骏被复原、被盗之两骏也被复制，就是我们今天所看到的昭陵六骏了。

而历史上的昭陵也是屡遭侵扰，地宫之中的其他绝世宝物是不是也像昭陵六骏一样，已经惨遭厄运？这座费尽心思、倾一国之力建成的帝王之陵，还能留有多少当年印记，供后人去瞻仰和追思呢？或许这一切只有待正式发掘昭陵的那一天，方能揭晓答案。

唐高宗、武则天乾陵：一对夫妻的归息之所

乾陵，是中国乃至世界上唯一一座埋葬了一对夫妻两代帝王的陵墓。尽管在风雨之中飘摇了1300年，但竟然未遭盗掘，实属罕见。到底是怎样的机关暗道使乾陵幸免于难？武则天当上皇帝难道是“梁山为陵，女人主事”的应验吗？巨大的无字碑到底又隐藏了怎样的历史真相呢？

风水话乾陵

乾陵位于陕西省乾县城北6公里的梁山上，距古城西安76公里，修建于公元684年，历经23年时间，工程才基本完工。梁山是一座自然形成的石灰岩质的山峰，三峰耸立，北峰最高，海拔1047.3米，南二峰较低，东西对峙，当时群众称之为“奶头山”。从乾陵东边西望，梁山就像一位女性的躯体仰卧大地，北峰为头，南二峰为胸，人们常说它是女皇武则天的绝妙象征。作为世界上唯一一座埋葬了一对夫妻两代帝王的陵墓，它奇迹般地躲过了一场场浩劫，保存着千年前的风姿，卓然于梁山之上。这使得乾陵被渲染上了一层层神秘的色彩。

作为乾陵的主人和中国的唯一一位女皇帝，武则天的名号似乎更胜其夫唐高宗。

据说武则天小时候就有异相。当时名闻天下的星相家袁天罡曾到武家赴宴。席间，武士彟请袁天罡给家人相面。

袁天罡看了夫人杨氏后，说："夫人骨法非常，必生贵子！"看了武氏二子元庆、元爽后，说："此二子官可至三品，但并不富贵终身！"这时，乳母抱着身穿男孩衣服的武则天走了出来。袁天罡上前审视了一会儿，说："此小郎君神色非凡，不易知晓，让他走走看。"于是，乳母把她放在地上。孩子走了几步，袁天罡又让她抬头看，大惊道："此子龙睛凤颈，伏羲之相，必极显贵！"袁天罡又从侧面将孩子审视了一会儿，又惊奇又遗憾地说："可惜是郎君，若是女孩，当为天下主！"

果然多年以后昔日的女娃摇身一变成了一代女皇。武则天称帝后，广开仕途，开创"殿试""自举""武举"制度，广泛吸纳人才；奖励告密，任用酷吏，屡兴大狱，打击士族显贵，以维护自己的绝对统治地位。

在她统治的近 50 年间，社会政治、经济和文化得到了蓬勃发展。同时，加强和改善了唐王朝与边疆各少数民族的关系。晚年豪奢专断，宫闱秽乱，侄儿武三思把持朝政，政宪大乱。神龙元年（公元 705 年）正月，武则天病重，宰相张柬之等发动政变，拥立中宗李显复位。十一月，武则天崩逝于洛阳上阳宫，临终遗嘱"祔

梁山乾陵

庙、归陵、令去帝号，称则天大圣皇后”。终年82岁。次年五月，中宗护则天灵驾还西京，八月与其夫合葬于乾陵玄宫。

武则天一生雄心万丈，巾帼不让须眉，怎么会在死后甘心放弃帝号，和唐高宗合葬呢？这既是她的明智之举，也是不得已为之的选择。当年武则天为了争夺皇位，用尽了权谋手段，几乎使整个李氏王朝不复存在。一旦武则天另设陵墓，伍子胥鞭尸复仇的故事很可能又会重演。而如果她选择与高宗合葬，既可以避免身后惨遭羞辱，又可以陪伴高宗，永享子孙后代的香火祭祀。

而关于乾陵的选址，也和这位女皇执政扯上了关系。有这样一个有趣的传说：唐高宗登基不久，就派自己的舅父长孙无忌和专管天文历法的太史令李淳风为自己选择陵寝之地。一日，二人来到梁山上，只见此山三峰高耸，主峰直插天际。东面与九嵕山相望，西有漆水与娄敬山、岐山相连。乌、漆二水在山前相合抱，形成水垣，围住地中龙气。

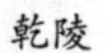

乾陵

梁山乃是世间少有的一块“龙脉圣地”。长孙无忌和李淳风选好陵址后，回京禀报高宗。袁天罡听说后，极力反对。原来他曾为高祖选陵址到过梁山，深知此山风水的优劣之处。他对高宗说：“梁山从外表上看是一块风水宝地，但细看有许多不足之处：一是梁山虽东西两面环水，能围住龙气，但与太宗龙脉隔断，假如百姓选祖茔于此，是可以兴盛三代，但作为帝王之山陵址，恐三代后江山有危。大唐龙脉从昆仑山分出一支过黄河，入关中，以岐山为首向东蔓延至九嵕山、金粟山、嵯峨山、尧山。今太宗已葬九嵕山，为龙首。陛下不可以后居前，况梁山又非龙首，而是周代龙脉之尾，尾气必衰，主陛下治国无力。

二是梁山北峰居高，前有两峰似女乳状，整个山形远观似少妇平躺一般。陛下选陵于此，恐从此后为女人所控。三是梁山主峰直秀，属木格，南二峰圆利，属金格。三座山峰虽挺拔，但远看方平，为土相。金能克木，土能生金，整座山形龙气助金，地宫营主峰之下，主陛下必为金格之人所控。依臣愚见，若陵址定于此山，陛下日后必为女人所伤！”然而高宗还是毅然选择了在梁山建陵，袁天罡一听，仰天叹曰：“代唐者，必武昭仪。”他怕将来受牵连，就辞官不做，出外云游去了。

然而传说毕竟是传说，据文献记载，弘道元年高宗死后，陈子昂等人极力主张在洛阳设置陵寝，但武则天遵照高宗“得还长安”的遗愿，在关中渭北高原选择了吉地，命吏部尚书韦待价为山陵使，户部郎中韦泰真为将作大匠，动用兵士和民工20余万人，按照“因山为陵”的葬制，将梁山主峰作为陵冢，在山腰凿洞修建地下玄宫。《新唐书·卷一百七》载：“山陵穿复，必资徒役，率癯弊之众，兴数万之军，调发近畿，督抶稚老，铲山輂石，驱以就功……”

武则天于神龙元年病故后，中宗皇帝满足母后“归陵”的遗愿，力排众议，命人挖开乾陵羡道，启开墓门，于神龙二年五月将武则天合葬入乾陵玄宫。从此以后，乾陵作为中国古代帝王陵墓中唯一一座一陵葬两帝的陵园立于梁山之上，而尘封的墓门再也没有向世人开启过。

地宫探秘

乾陵地宫的大门一封就是1300余年，大门之内锁住了大唐盛世的繁华和不为人知的多少秘密……千百年来，不知有多少人梦寐以求，想弄清其中的奥秘，但是由于缺乏文字记载和考古资料，时至今日，人们对乾陵地宫仍然是不甚了解。毫无疑问，在进行科学发掘之前，要完全揭开乾陵地宫的神秘是不可能的。不过，我们可根据文献和考古资料所披露的蛛丝马迹，进行一些有益的探索。

从现存的文献资料记载中得知，乾陵外部有一条沟通地宫的“羡道”，又叫“诞道”。就是我们通常所说的隧道。这条隧道是由堑壕与石洞两部分构成的。两段交接处便是地宫宫门的所在。1959 年至 1960 年，考古工作者曾两次对乾陵隧道进行了勘查与试掘，特别是 1960 年 3 月对隧道进行了大面积揭露。

揭露的情况表明，乾陵的这条隧道露天部分全长 63.10 米，宽 3.9 米；位于梁山主峰南面中腰部脊梁偏东处。呈斜坡形状。内部结构是用一至两吨重的长方形石条叠砌，共叠砌了 39 层。表层约用 410 块石条，石条与石条上下、左右之间均以铁细腰挂板、铁棍拴拉，然后再在其缝隙之间浇灌铁浆，从而使石条之间不能移动，成为一体。

通过隧道，进入宫门。根据文献记载，唐太宗昭陵的石门达五重之多。乾陵地官石门有多少，不得而知，不过可以肯定，地宫的石门一定是坚固可靠的。进入宫门便可以到达墓室。墓室是地宫的主体。根据“号墓为陵”的懿德太子墓推测，乾陵地宫墓室至少是前、中、后三室。从唐人的宇宙观和已发掘的王公大臣、皇亲国戚陪葬墓分析，墓室的结构当是上圆下方，顶部为穹隆式，底部是四方形。至于墓室的大小，目前尚无具体材料可资说明。可以想象要比永泰公主、懿德太子墓室大得多。

乾陵地宫

地宫里有些什么东西，这是

人们最关心的问题。从《唐六典·大唐元陵仪注》文献中，我们可获得一点信息。第一，地宫的中室或中部有“棺床”，“棺床”上放着皇帝的“神宫”，即棺椁。棺材的底部有防潮材料及珍宝之类。上加“七星板”，板上有席、褥，旁置衣物及珪、璋、璧、琥、璜等“六玉”。皇帝身穿12套大敛之衣，口含贝玉，仰卧于褥上，面对棺盖。棺盖内侧镶有黄帛，帛上画着日月星辰及龙鱼等物。

第二，后室或后部设有石床，石床周围放置衣冠、剑佩、千味食及死者生前的玩好之物。第三，前室或前部则设有“宝帐”，帐内设有神座。神座之西，放着玉制的“宝绶”“谥册”“哀册”。神座之东放置一些“玉币”。除此之外，地宫里还置有“白佩”“素幡”“明器”等。

从武则天所撰写的《述圣记碑》碑文中考证，地宫里还有不少珍贵书籍和名人字画。而最让世人感兴趣的就是那件顶尖级国宝——《兰亭序》。史书记载，《兰亭序》在李世民遗诏里说是要枕在他脑袋下边。那就是说，这件宝贝应该在昭陵，而不在乾陵。可是，五代耀州刺史温韬把昭陵盗了，但在他写的出土宝物清单上，却并没有《兰亭序》，那么十有八九《兰亭序》就藏在乾陵里面。乾陵一带的民间传闻中，早就有《兰亭序》陪葬武则天一说。

更有资深的文物工作者推算：保守一些说，乾陵地宫里的宝贝最少有五百吨！据史料记载，埋葬唐高宗的时候，随葬品的价值就占了全国财政收入的三分之一。20多年后，武则天驾崩，她的儿子又将全国三分之一的金银珠宝随她带进了乾陵。另外，史书上还有明确记载，唐高宗临死时，特意留下遗言，要求将他生前所喜爱的字画全部陪葬。由此推断，在乾陵地宫出土五百吨的文物并不是没有可能。

无言胜万语的无字碑

在乾陵墓前立有两块高大雄伟的石碑，西面是“述圣记碑”，由武则天撰文、唐中宗书写，8000余字的碑文虽然主要是歌颂唐高宗的功绩，其实也是武则天在借机抬高自己。东面是武则天的“无字碑”，碑由一块巨大的整石雕成，碑头雕有8条互相缠绕的螭首，饰以天云龙纹。根据乾陵建筑对称布局的特点，“无字碑”与“述圣记碑”显然是在高宗去世时由武则天同时主持竖立的，那么，这块“无字碑”自然是武则天预先为自己准备的“功德碑”。令人百思不得其解的是，这块功德碑上竟然空无一字。

汉武帝也曾经在泰山顶上为自己立过一块无字碑，据说是因为汉武帝即位30年来，文治武功，功德无量，区区碑文岂能书尽其丰功伟绩，于是便不刻一字，昭示天下。那么武则天的这块无字碑背后又有着怎样的故事呢？

1000多年来，人们对此有种种说法，最主要的说法有三种。一说武则天认为自己功高德大，不是文字所能表达的。在武则天看来，自己虽是女人，但高宗平庸，自己的才能绝对优于高宗，而且她统治期间政治清明、社会安定、人民安居乐业，这应该算是她的一大政绩。可惜的是，当时有很多人认为她是抢了大唐江山，是叛臣逆贼，对于她的功劳视而不见。因而，武则天要把自己的功劳让后人去评述、去记载，于是就有了无字碑。

二说武则天自知罪孽深重，刻了碑文恐怕更招世人辱骂，还是不写为好。也有人认为，武则天建立大周朝之后，内心感觉愧疚不安，一心想在自己死后将江山归还李氏。但由于自己称帝的这段经历，使她对自己死后的境遇没有信心，更害怕世人责骂其篡位之罪，因而留下无字碑借以自赎。

三说武则天想让后人去评说她的一生。这种说法与前一种说法恰恰相反。武则天对自己一生还是颇感自豪的。作为一个女流之辈，能在政治斗争中脱颖而出，并到达权力的巅峰。她要后人客观地评价她的文治武功、雄才大略，而与自己有利益冲突的儿子李显肯定不会对自己做出客观、公允的评价。鉴于此，武则天要将无字碑交与后人，就是要让后人对自己一

述圣记碑

无字碑

生的功过是非做出评价。

还有一种可能，就是已经刻上了文字，但又被唐玄宗令人磨去，目的是彻底消除武周政权给李唐政权带来的耻辱。

当年武则天病逝后，中宗复位，国号也以唐代周，但武氏势力仍然相当强大，武则天的侄子武三思权力如日中天，炙手可热，把持朝政，中宗又没有政治抱负，懦弱无能，在武三思的力主下，为他的姑姑、当朝皇帝的母亲铭文歌功颂德也不是没有可能。

既然铭刻了文字，到后来为什么又消失了呢？最大的可能就是后来的当政者将这些文字又磨掉了。这从唐朝开元二年三月时，玄宗皇帝李隆基掌权，下诏毁天枢一事不难看出。唐玄宗对武氏集团的打击是不遗余力的，而为了彻底消除武氏家族给李家带来的奇耻大辱，彻底清除武周政权带来的痕迹，他下令将武则天陵墓旁的石

无字碑上的《大金皇弟都统经略郎君行记》拓片

碑上已刻好的字迹磨去，也不是没有这种可能。

总之，武则天的“无字碑”给世人出了一道难题，至今人们还是猜不透这位女皇的真正用心。

然而，我们今天所看到的“无字碑”实际上已经成为有字碑了。因为自北宋以降，不少达官显要或拜谒乾陵或游历此地，都曾在“无字碑”上题刻。迨及明代，题词者凡 39 人，遗留题刻 42 段。尤以碑阳正中所刻的金朝天会二年《大金皇弟都统经略郎君行记》最为珍贵。

它以契丹文和汉字两种文字书写，于研究历史和少数民族文字都有重要意义。令人惊异的是，这些文字中还有一种鲜见的少数民族文字，而且长期以来一直没有人能识别。这种早已废绝的少数民族文字，被日本学者山路广明视为“20 世纪之谜”。而这些题刻并没有改变“无字碑”初始那神秘与特立独行的文化意味，反而又为它增添了一抹传奇的色彩。

风雨无恙的乾陵秘葬

在我国历史上，大多帝王墓葬都曾惨遭盗劫，而乾陵是少见的一座保存完好、未遭染指的帝王墓葬。到底是乾陵固若金汤还是藏有机关暗道呢？乾陵又是经历了怎样的风雨飘摇而屹立不倒的呢？

在我国历史上，挖乾陵一事早已有之。长达 1200 多年中，梁山上就没有断绝过盗墓者的身影。小毛贼多如牛毛，正史里不记载，野史里也懒得写。历史上有记录的盗乾陵事件，就有 17 次之多，比较大的盗掘活动有三次。但是又都因各种原因中途停止而未盗成功。

第一次大规模的盗掘发生在唐末。当时唐末黄巢农民起义，声势浩大，因缺少军资，他动用 40 万起义军在梁山西侧挖山不止。直至挖出了一条深 40 米的沟，挖走了半座大山，也没有找到墓道口。因为军中无饱学之士，不懂乾陵坐北朝南的结构特点，结果挖错了方向，终没得手，至今在梁山主峰西侧仍有一条深沟被称为“黄巢沟”。

第二次发生在五代时温韬为后梁耀州节度使期间，据史书记载：“唐诸陵在其境内者，悉发掘之，取之所藏金宝……唯乾陵风雨不可发。”温韬受了惊吓，才绝了发掘乾陵的念头。

第三次是发生在民国初年，当时军阀混战，盗掘古墓成风。国民党将领孙连仲以保护乾陵为幌子，率部下驻扎乾陵，用真枪真炮演习的办法掩护一个师的兵力盗掘乾陵。士兵们用炸药炸了许多处地方，却没能找到墓道口。后来，当士兵们盲目挖掘时，忽然雷雨大作，数日不歇，军中一时传言四起，称武则天显灵了云云，盗掘不成，孙连仲匆匆率部离开了乾陵。

目前，许多专家认定乾陵是唐十八陵中唯一未被盗掘的陵墓。理由是乾陵墓道完整，而舍墓道，从石山腹部另凿新洞入地宫，难度很大，目前尚未发现新的盗洞。然而，事实是否真的如我们所料，谁也没有百分之百的把握。

“岿然没字碑犹在，六十王宾立露天。冠冕李唐文物盛，权衡女帝智能全。黄巢沟在陵无恙，述德纪残世不传。待到幽宫重启日，还期翻案续新篇。”或许正如郭沫若先生的这首《咏乾陵》中所写的一样，只有在地宫大门重启之日，我们才能解开心中的诸多谜团……

黄巢沟

宋太祖永昌陵：迁都洛阳的踏脚石

他，是一名不世豪杰，“陈桥兵变，黄袍加身”，兵不血刃地登上了帝位，统一了大半个中国。他，是一个永不消逝的英雄，刚柔并济释兵权，怀柔安抚治天下——他就是北宋开国皇帝赵匡胤。他建立了赫赫战功，他的陵园数百年来却是默默无闻。直到 2008 年，河南发布了“宋陵石像地下拾音防盗系统启用，地面异动系统自动报警”的新闻：无论多远，只要线路能够接通，守护者就能听到宋陵里的脚步声，甚至说话声。目前，这套警报系统已经覆盖了陵区的石刻雕像，从而使这些散布在田野里的珍贵文物免遭偷盗厄运。也正是这条新闻，带着我们叩开了历史的大门……

一支响箭决定的陵墓

从河南巩义市出发，沿郑洛公路西南行 40 里，再徒步南行七八里，就到了一个名叫“龙洼”的地方。这里，四周台地层层，远处是簇簇青山，中间是一片平川。就在这平川上，有一座古代陵墓高高隆起，它就是毛泽东《沁园春·雪》一词中提及的“唐宗宋祖，稍逊风骚”中的“宋祖”——宋朝开国皇帝赵匡胤的墓地——永昌陵。

永昌陵统领着北宋皇帝的陵寝群——宋陵。整个宋陵区的规模不小，散落在巩

永昌陵

义市区和下辖的芝田、西村、回郭三镇。北宋有七帝葬于此（除徽、钦二帝被虏，死于北国之外），分别为太祖赵匡胤永昌陵、太宗赵光义永熙陵、真宗赵恒永定陵、仁宗赵祯永昭陵、英宗赵曙永厚陵、神宗赵顼永裕陵、哲宗赵煦永泰陵，加上赵匡胤父亲赵弘殷的永安陵，统称“七帝八陵”，还有后妃、功臣如包拯、寇准墓，据考证有 300 多座，是一个巨大的陵墓群。

北宋定都开封，为何要将陵寝建于远离国都的巩义呢？这还要从开国之君赵匡胤说起。

赵匡胤的父亲赵弘殷，是五代时的一位高级将领，长期驻军洛阳，所以赵匡胤出生地是在军营——洛阳夹马营。他在洛阳度过了童年，当了皇帝后，常到各地巡视。

开宝九年（公元 976 年）春，他又到西都（洛阳）视察，顺便回到夹马营旧居参观，忆起儿时嬉戏情景，留恋之情溢于言表。他指着一处地方对随从人员说：“我幼时有一心爱玩具小石马，后来把它埋藏在这里，不知现在还能不能找到？”说罢命人去挖，果然找到了小石马。赵匡胤拿起来爱不释手，就带在了身边。

当返回东京的途中，行至巩县（现巩义市）时，他又亲往父母茔地——永安陵进行祭奠（赵弘殷死后，原葬于开封东南隅，赵匡胤即帝位后，于公元 963 年迁葬于巩县西南 40 里的訾乡邓封村）。祭毕，他又登上陵园神墙的西南角楼向四处遥望，当看到远处的不老青山、近处的悠悠流水时，顿时引发了今昔之思，不禁一阵唏嘘感慨。

于是，赵匡胤抽出一支响箭，搭上弓向着西北方向射去，那箭直飞到 400 米以外才落下。赵匡胤长叹一声，对随从大臣说道：“人生如白驹过隙，终须有归宿之地。

你们记住，今日箭落处，就是我百年后长眠之所。”说完，他取出石马，命人埋在箭落处为记，又亲自拟了名称——永昌。

就在这年的十月二十日，赵匡胤独坐宫中太清湖畔，细观夜色，只见星光璀璨，和风微至，宁静清幽。可是不久，天色大变，他赶忙回到宫中，传旨召弟弟开封尹（京城长官）赵光义入寝宫相见。光义来到后，命令后妃、宫女、宦者等侍候的人，一律退往外院，两人酌酒低语。外边的人谁也听不到在说什么，只从窗外透过窗纸“遥见烛影下，太宗时或避席，有不胜之状”，又见皇帝手持大斧嗵嗵拄地，大声说：“好做！好做！”随后就倒卧床上，“鼻息如雷霆”。光义当晚陪宿屋内。天将黎明时，万籁俱寂，忽听有人报说：“皇帝晏驾了。”

史学家们认为，宋太祖之死是因其弟赵光义做了某种手脚，但事隔千年，今天已难以澄清真相。而“烛影斧声”也成了历史上的一桩悬案。

赵匡胤死后，灵柩停放于万岁殿，由皇弟、后妃、皇子、文武大臣每日致祭。第二年四月，灵柩运往皇陵——今巩义市芝田镇安葬。护送灵车的官员、卫士、仪仗队伍及皇宫妃嫔人等共 3000 多人，二十五日到达了这片太祖早已选好的陵地。

赵匡胤选择远离开封的巩义并非只是巧合，而是有其深层次的政治意图，即为迁都洛阳做好准备。

赵匡胤生于洛阳，深知洛阳和开封作为首都的优劣：北宋都城开封四周都是平地，无险防守，城中所需物资全仗水路由外地运送，万一开封被围，后果难以想象。如此朝廷就必须派出大量的军队用于防守国都，将造成军队数额的急剧增加；而洛阳固若金汤，大可依据山河的形胜而去冗兵，以安天下。

然而，当赵匡胤提出迁都洛阳时，却遭到了大臣们的反对。是时，社会的经济中心已经转移到了长江以南，大量的粮食要靠运河（当时的汴河）从南方运过来，而汴河到开封以后再北上就不好走了，大臣们考虑到汴河经济命脉的地位，大多不愿意迁都洛阳。

群臣的谏阻没有动摇赵匡胤迁都的决心，太祖依旧坚持，这时他的弟弟赵光义站出来说：“为政在德不在险，何必一定要耗费民力迁都呢？”一句“在德不在险”让宋太祖哑口无言，只好长叹说：“不出百年，中原人民叹也。”行伍出身的赵匡胤只好用一支庞大的禁卫军来保卫京都开封，而把洛阳作为陪都，他幻想着，总有那么一天能迁都洛阳。也正是从迁都洛阳出发，他决定将皇陵建在靠近洛阳的巩义，希冀为迁都洛阳垫一块踏脚石。

历史的车轮转到了北宋立国 167 年的 1127 年，宋太祖的话应验了，这一年金兵长驱直入，攻破开封，掳走了宋徽宗和宋钦宗，北宋就此灭亡。永昌陵的绝好风水，却没能护佑住大宋帝业永昌。

假如北宋迁都了洛阳，金兵能否还那般轻易肆虐中原？假如太祖再坚持，历史是否会往新的方向发展？或许，九天之上的太祖也正在默默地悲伤，静静地思考着这些问题。

宋陵选址风水之谜

永昌陵现在位于巩义开发区至西村镇的公路旁。这个地方，已看不出来皇家气度，陵丘都低矮，神道很短小；也看不出风水宝地，前后都是坡地，位于低洼地带（这个地方现在的名字就叫“陵洼”）。作为北宋开国皇帝的陵墓，尽管永昌陵跟前朝比显得寒碜，但开创了北宋一代皇陵的典范。

永昌陵由上宫、下宫、孝章宋皇后陵、章怀潘皇后陵以及两个陪葬墓组成，陵区南北长 2000 米、东西宽约 6000 米。永昌陵下宫地势南高北低，从陵区南端的鹊台至北神门石狮，南北落差达 17.3 米。

永昌陵石狮

巩义这个地方，按古人的说法是个山高水来阴宅吉地。它位于嵩山北，是为阴；位于黄河以南，亦为阴，符合了“山之北，水之南”的风水要求。正所谓“南山北水，山高水来就福贵不断”，看来巩义实乃赵宋不可多得的皇家茔地。

可让人感到奇怪的是：包括永昌陵在内的八座宋陵都是南高北低，居于最崇高地位的陵台却处在各自陵区的最低处，到这里瞻仰宋陵，丝毫没有皇帝高高在上的感觉，因为皇帝几乎躺在了人们的脚下，这和历代皇帝的埋葬方法完全不同。

那么，宋陵为什么会有如此奇怪的选择呢？

其实如此选择还是和风水有关。在唐宋时期，流行“五音利姓说”的风水理论，赵姓属于角音，对应“五行”中的木，木生东方，阳气在东（开封），赵家皇帝必须在西方安葬，且陵地需要东高西下，所谓“东高西下谓之角地……南高北下谓之徵地，角姓亦可居之”。所以宋代的皇陵都南高北低，形成了一种倒仰的姿势。

北宋的陵寝制度大体上沿袭了唐初体制，只是改变了汉唐预先营建寿陵的制度。北宋的陵寝在皇帝死后才开始建造，而且全部工程必须在七个月内完成，因此宋代的陵园规模不如唐代。七个月营建帝陵的时间实在是短促，加上运料、营建以及入葬工程量都非常浩大，因此给人民带来了沉重的负担。例如，建造赵匡胤父亲赵弘殷的永安陵时，仅被压死者就达 200 多人。

士兵石雕

永昌陵坐北朝南呈正方形，墓室上建造方形三层陵台，每门各有石狮一对。由南门向北的神道两侧排列文武大臣等各种石像。陵园布局分上宫和下宫，分别为上陵谒拜祭祀和日常供奉起居的场所。

上宫建筑由南向北依次为鹊台、乳台、华表、石像生（石刻仪仗队）、阙亭、皇帝陵台、皇后陵墓。永昌陵不是帝、后同穴合葬陵。宋太祖结发妻贺氏死于公元 958 年，30 岁。当时，宋皇朝尚未建立，后来葬在永安陵兆城内。贺氏死后赵匡胤又娶王氏为继，王皇后死于公元 963 年，22 岁，也葬在永安陵内，又立 17 岁的宋氏为皇后。宋皇后死于公元 977 年，年 44 岁，葬于永昌陵北边。这时距宋太祖的死已 27 年。贺、王、宋三位皇后的坟冢早已泯没，无可找寻。

朝臣石雕

皇帝的陵台位居整个陵区的中心，夯土筑成，是个三阶梯的覆斗，底边呈四方形，长、宽约 60 米，

石羊雕像

台高约 16 米。陵台之上柏树成林，纵横如织，陵台之下则为皇堂，即安放皇帝棺椁的地宫，用条石或砖镶砌而成。

整个布局给人以方正端庄、拱卫森严的感觉。陵台到神墙南门中间的空地为献殿的遗址，是举行祭祀大典的地方。诸陵献殿建筑全部毁于元朝。据说，嵩山中岳庙大殿前的铺地石，就取之于这里。

从陵台到南神门，沿神道两侧排列有整齐对仗的精美石雕，由北往南有宫人与内侍石雕各一对。侍立于南神门西侧的为宫人，陵台左右的为内侍。宫人雕像眉目细长，双肩消瘦，束发簪珥，拱手而立，女性的特征惟妙惟肖。内侍雕像，体态微胖，神情拘谨，手持体现他们身份的球杖和拂尘。四门石狮各一对，其中尤以神宗永裕陵南门石狮雕像最为精美。神道两侧立像的排头兵，经过 1000 多年的风雨剥蚀，雕像甲胄的纹饰仍然细腻传神。

文武朝臣雕像各两对，文臣持笏，武臣拄剑，恭立神道两旁，象征着宫廷百官朝仪。

石虎、石羊各两对。虎是尊严与高贵的标志。羊，个性柔顺，形态淑美，我们祖先造字的时候，有“羊面从美”之说。自汉晋以来帝陵之前常置石虎、石羊为祛邪之物。

而由南向北看，排在最前的是望柱，又叫华表。宋陵望柱呈八角形，象征四面八方，其顶部是莲蕊，底部为莲座，中部刻有龙纹，是皇家建筑的特殊标志。接下来是象与驯象人，象在宋代是皇家仪仗队的先导，驯象人一般来自越南，另外象也暗含万象更新的意义。象之后是瑞禽瑞兽，宋陵的瑞禽是宋陵石雕中的杰作，也是空前绝后的珍品，为其他帝陵所没有。再后，是仗马和控马官，这也是仪仗队中不可或缺的。

南门有站立的石狮，被称作跑堂狮，属“移动部队”；而宫城门外站立的是头戴盔甲、手持斧钺、双眉紧锁、不胜其哀的镇陵将军。这些昔日威风凛凛的石像，能看护好太祖的陵寝吗？

难逃被盗命运的永昌陵

据《宋史》记载，灵台之下 20 多米深处建有“皇堂”，即地宫，是皇帝棺木藏放的地方。随葬的物品有玉圭、佩剑、冕、翠衣及种种明器，皇帝生前所有的日常用具，金枪、板刀、弓箭、金银器皿都埋在地下了，在地宫的甬道和耳室里，还摆满了皇帝喜爱的各种宝物。

但这些宝物却因为陵寝的损毁而不知散落在何处了。

公元 1127 年 3 月，金兵攻下大宋都城开封，掳走宋徽宗和宋钦宗，北宋灭亡。金兵不仅对京城开封大肆劫掠，而且对北宋皇陵也开始了疯狂抢劫。因下宫的大殿及禅院里有许多金银玉器、古玩字画，这里成为金兵最先下手的地方。

包括永昌陵在内的宋陵都建在平原的黄土地上，墓道建制规模相同，所以比较容易盗挖。金兵对小墓采用揭顶的方法，对大墓则从陵台侧坡挖洞，撬开墓顶券石，缒绳而下。陵区内顿时烟火弥漫，一片混乱。据记载，北宋的皇帝陵包括皇后陵都遭到了很严重的盗掘，哲宗皇帝的尸骨还被盗墓者抛到了陵外。

宋高宗赵构闻讯后，命令河南镇抚使翟兴和抗金英雄岳飞北上，赶走金兵，又修复了皇陵。这样，巩义就成了宋、金拉锯战的战场。宋军撤退后，金兵的报复更加强烈，不仅掘墓更凶，而且还烧房扒屋，砍树伐木。于是，松柏茂密的陵地很快变得千疮百孔了。

公元 1130 年，金人在大名府封宋朝的投降官员刘豫为大齐皇帝。有一天，刘豫发现一个士兵拿了个水晶碗，感觉非常精美，后来得知是从永裕陵盗来的。刘豫就让他儿子组织了一个专门的挖墓队伍，史书上称之为“淘沙队”，重新把宋陵又挖了一遍，甚至连老百姓的墓也不放过。“淘沙队”是继东汉末年的曹操以后，中国历史上第二个有记载的官盗机构。

刘豫的毁灭性盗掘，使那些生活在陵区的僧尼、柏子户等无存身之处，只好流落他乡。从此，北宋皇陵再无专人管理，民盗相继兴起，最有名的一个盗墓贼叫朱漆脸，他所盗之墓，就是永昌陵。

朱漆脸并不是盗永昌陵的始作俑者，永昌陵的首任盗墓者是大齐皇帝刘豫。刘豫盗宋陵时，重点是宋仁宗的永昭陵，永昌陵虽然也遭到了较大程度的破坏，但是宋太祖赵匡胤的棺椁并未被打开。永昌陵也就成为北宋巩义八陵中保存比较完整的一个。但是，也正因为这一点，永昌陵在躲过刘豫后，却没有逃出民间盗墓者的手心。

宋末元初时期，可谓盗墓者的天赐良机。那时，宋朝朝廷岌岌可危，金朝的势力已经被元朝覆盖，而当时最为强大的元朝正在到处征战，以取得全国的统治权。这时的皇陵可以说是姑姑不疼，姥姥不爱，谁也不管。朱漆脸正是找准了这个时机下的手。

朱漆脸见洛阳附近大大小小的古墓已经被盗得差不多了，剩下的那些不是规模太小不值得盗就是有官兵看守，无法下手。他琢磨再三，决定去盗掘宋太祖赵匡胤的永昌陵。朱漆脸盗宋太祖的墓时，太祖的身量比较大，很胖，他想把太祖的玉带取掉，就用一个带子套上太祖的脖子，把太祖撑起来，由于尸体已经腐烂了，他一撑，从太祖嘴里喷出好多黑水，喷他脸上去了，脸也没洗净，就留下了一个黑脸，这便是他名字得来的原因。

公元1279年南宋灭亡。蒙古人控制北宋陵区后，怕宋代的遗民怀念先朝的皇帝，就把北宋皇陵上的建筑全部烧毁，这也是北宋陵区只有孤零零石雕的原因。所幸的是，宋陵区域被划为官地，不准百姓打柴放牧，不准种植庄稼，一直荒芜，这在一定程度上保护了建筑遗址，特别是石雕像。

今天，站在永昌陵上四面望去，近处是块块肥沃的良田，远处是点点含翠的青山。千多年前的陈迹，已被时光的流水冲洗得几乎净尽，然而唐宗、宋祖作为历史人物，却常使我们浮想联翩。

明祖陵：深埋湖底、历尽沧桑的先祖

苍天并不在乎帝王祖宗的高贵，浩大的洪水依旧滚滚而来，让这方樵夫牧童望而生畏的神圣土地顷刻间沦为泽国，那些无比忠诚的文臣武将也在这场洪水中相继倒下，在淤泥中酣睡，渐至湮没无闻。明祖陵就成了一个遥远的传说，洪泽湖中有个“大墓头”，这就是那一带人民偶尔提起的故事……

水底古墓之谜

桑田变沧海，沧海又变桑田，明祖陵从一发现开始，周遭就充满了传奇色彩。1963年，洪泽湖遇到了特大干旱，水位下降到了历史最低点，一批大型石像露出水面，这些石像东倒西歪，躺在淤泥之中，它们被雕塑成麒麟、雄狮、带鞍子的马和牵马侍从，还有文臣、武将、太监等形象，根据专家的研究，被确认为明祖陵，此时，距明祖陵成为水下皇陵已近300年。

明祖陵位于江苏省盱眙县洪泽湖的西岸，是明太祖朱元璋的高祖、曾祖、祖父的衣冠冢及其祖父的实际葬地。说实话，明祖陵所在的位置并不理想，它并不处于高山大阜之侧，而是在有“九岗十八洼”之称的丘岗之地。当时的堪舆大师刘基等，

明祖陵

就知道明祖陵所在地并不是完美的万年吉壤。

根据古代堪舆术的定义，一块风水宝地的地势、地形、地貌，要穴前有明堂，要看三奇四应。三奇即山、水、案；前、后、左、右为四应；左右有护砂，所谓“砂”即山丘土石之物；要有罗城，罗城由山或水组成，相绕四周；远有朝山，近有案山。以山为罗城，形成左青龙、右白虎、前朱雀、后玄武四种态势为佳；如果周围无山，一马平川，则借水势成龙（水龙），以泽国环抱为上。明祖陵四周除了一片水国，并无多少妙贵可言。

既然此处风水不好，朱元璋为何不另寻吉壤安葬祖宗呢？其实朱元璋何尝不想呢，但是这是他祖父的实际葬地所在，如果要移墓，势必会泄了王气，影响大明江山社稷。所以只能在此修建了祖陵。为了解决风水欠佳的问题，在当年筑陵时进行了大规模的地理改造，填埋洼地，补修不足，挖地成河，堆土为山，人工整出了砂、水、近案、明堂等风水要素必具的景观，这才形成了一块标准的风水宝地。

都成了风水宝地了，何以明祖陵会被没在湖底长达300余年？是先天风水不足，没能保佑明祖陵免去天地的沉沦，是偶然的自然灾难，还是人为的必然导致了这滔滔洪水？有人认为，明祖陵的被淹，天灾其实只有三分，还有七分就是人祸。这究竟是怎么回事呢？

话说明弘治七年（公元1494年），刘大夏筑太行堤阻断黄河北支，使南支夺淮入海后，河道开始紊乱，淮河中、下游连年洪水泛滥，祖陵不断遭受水患。

明万历年间总理河道的工部尚书潘季驯提出了“蓄淮刷黄”的治水方略。他主张筑堤纳水归于一道，反对疏浚支流另开新河，而应当“筑堤束水，以水攻沙”“借水攻沙，以水治水”。他认为“水分则势缓，势缓则沙停，沙停则河饱，尺寸之水皆由沙面，止见其高。水合则势猛，势猛则沙刷，沙刷则河深，寻丈之水皆由河底，止见其卑。筑堤束水，以水攻沙，水不奔溢于两旁，则必直刷乎河底。一定之理，必然之势。此合之所以愈以分也”。多好的理论，省钱省力，省人省心，大有不战而屈人之兵的味道，因而廷争面折中很能打动人心，并且最终取得了明神宗的支持。

可惜人算不如天算，任你怎么集淮水之力也不敌黄水，汹涌澎湃的黄河仅凭一点淮水之力就被挡回去，那还能叫什么奔流到海不复回？很快清河口泥沙高淤，靠近这里的淮河河床也被黄水倒灌而增高了，这又使淮水的冲击力减弱，遇阻即回，沙随波停，淮水所带泥沙又在清河口停淤。淮水无力刷黄，又无法从清河口入海，而入湖故道又尽筑高堰，淮水不得不上溢泛滥，“不得不久潴旁溢，汪汇浩荡，始犹淹漫两岸，会合诸湖，继而夏秋泛涨，一望无际，浩荡龙沙，震惊陵寝，而泗洲之祸岁烈一岁矣”。

潘季驯的治水方针在实践中被“检验”得头破血流，照理应当重新检点，这时如果改弦更张，为时未晚。可惜这时候，治水方略已不再是为了治理水患了，而是成了廷争的工具，成了维护自己的权力与权威的凛然不可侵犯的武器，为此他不仅革除了反对意见的阻挠，而且甚至编造谎言，说祖陵“松柏之郁茂，护沙之如故”。就是到了万历二十年仍然上书坚持自己的主张，把分流之议列为病议，痛加指陈。而这时淮泗一带水患频仍，早已成不争的事实。

真不知朱元璋的祖宗到底是否有灵，在水中煎熬着为什么眼睁睁地看着潘季驯这样的大臣胡作非为？祖宗埋到地下后无声无息，不言不语，忍气吞声，这就注定了明祖陵要到水下沉沦300多年，也注定了后人像哀六国、哀阿房宫一样去慨叹它的沉浮。

寻觅陵址的曲折过程

按常理说，朱元璋的祖先们既然被追尊为皇帝、皇后，其葬处就应该建陵，并应依制建造帝陵建筑。但根据历史记载，朱元璋在洪武初年只追加封号，没有营建祖陵建筑，这背后有什么样的历史原因呢？原来朱元璋少时家贫，居住地一迁再迁，使他根本不知道其三代祖考的确切葬地。因此，他为寻找祖陵葬地颇费了一番周折。

根据史料记载，刚开始有人告诉朱元璋他家的祖陵在句容通德乡朱家巷，朱元璋信以为真，即“命筑万岁山，有司修砌路，太祖躬临拜祭”。不料，他才只磕了一个头，万岁山竟然中间分为深涧！他不禁恼怒异常——这岂是我家祖陵，怎能经不起我一拜？于是“重罚言者”，认为这不是自己的祖陵所在。

后来，朱元璋经过回忆，想起二姐曾说过祖父的坟墓在泗州旧陵嘴一带，但具体位置仍无从考察。到了洪武十七年（公元 1384 年），一个偶然的机会，终于使朱元璋弄清了祖陵的真实位置所在。话说朱元璋的同宗朱贵，他祖父与朱元璋的祖父一起从朱家巷迁到了泗州城北的孙家岗，通过他回乡查访，朱元璋终于知道了自己的祖父母葬在泗州城北的杨家墩。这座古墓，因宋朝保议大夫杨浚墓而得名。

这是否真的就是朱元璋祖父母真实的葬地呢，还是因为政治需要而凭空建造的呢？在有明一代以至后来的几百年中，有一个现象被人们有意或者无意地忽略了，或者没有任何人敢于说将出来，那就是既然朱元璋那么急切地找寻祖父的安葬地，找到了又花费那么多时间与财力来大规模营建，甚至竟然让不能随便动用的国储来当这个祖陵的总管与总监，为什么在祖陵建成后竟然没有来这里一次进行祭祀并像在句容那样磕头呢？

是怕一个头磕下去又会分为深涧吗？朱元璋是不是对这个祖茔也产生什么怀疑？朱贵献的图是真的吗？朱贵说杨家墩就是祖陵所在地是得到多个族人证明的，那么这些族人呢？他是不是也是来邀宠或混个世袭之职的？唯一的与人不同之处，大概就是这个朱贵做得比较聪明、比较认真、比较像那么回事。但一向多疑又聪慧，特别是深知祖上颠沛流离、居无定所、死无葬地的朱元璋恐怕不会看不出来。

那么他为什么还要相信朱贵，还要封杨家墩为万岁山并将祖陵定在这悠悠淮水之滨呢？或许朱元璋心中也是十分苦闷的，因为他很清楚，那个句容的万岁山是假的。但是，为了证明大明王朝是祖上“积功累善，天之报施，茂于厥后”，为了蛊惑与欺骗人民，为了证明他这个皇帝是有祖传“基因”的，是由上天钦定的，不是其他人想当就能当得的。于是他不得不这样将错就错。

明祖陵的传说

打开中国历史的大门，你会发现中国历史上皇帝玩弄政治传说的事比比皆是，陈胜的夜半神示、刘邦的剑斩白蛇、刘备的的卢脱险、赵匡胤的祥龙瑞生等。朱元璋的明祖陵只是以上历史政治家高明手段的延续。

朱元璋祖上几代非常穷困，四处漂泊，真乃上无片瓦，下无立锥之地。他的祖父朱初一，60多岁时，流落在古泗州境内，为双沟镇一个姓水的财主家放猪。这水员外号称水半湖，双沟东去洪泽湖边全是他家的地。朱初一带着全家搭个窝棚，就住在湖边孙家岗为水财主放猪、垦荒，以维持生计。

这孙家岗庄后有个墩子，人称杨家墩，墩上有个凹窝。一年深秋，在这里放猪的朱初一躲在墩上的凹窝内避风，意外得知这座山背山面水，后面青山雄壮葱郁，前面洪泽湖宽广博大，其实是一块龙脉，谁死后葬在这里，谁的后世就一定有人会出皇帝。老人欲将此地占为己有，从此隐藏了这个秘密，即使对家里人也没有透露半分，直到临死前，才告诉了儿子要把自己葬在这里。

传说终归是传说，但有一点却是值得我们仔细思考的。杨家墩的地理位置，在风水学上明明不是个风水宝地，为何在传说里就成了龙脉之地了呢？朱元璋登上宝座之后，朱氏坟冢葬于龙脉的传说很快就流传开来。

先是从洪泽湖畔开始，一发不可收拾像水银泻地般地遍布全国。这是一种明显的穿凿附会，朱元璋为什么要创造这样一个传说呢？这还是和他的出身有关，他的帝位是由自己和众兄弟从最底层打下来的，他并没有显赫的家世，没有值得炫耀的血统资本。历史上开创千古帝业的几乎都比他这个放牛的、打扫庙院的朱和尚强。秦始皇嬴政、隋文帝杨坚、唐太宗李世民、元世祖忽必烈哪一个不是帝王之后或名门望族，即使是汉高祖刘邦这个亭长好歹也是地方一号人物，蜀主刘备尽管以卖草鞋为生但是宣扬时总是以大汉皇室后裔自居——刘皇叔。曹操、孙权一个是官宦之后，一个是军旅世家。

对于朱元璋来说，那种感觉就像被人唾弃的乞丐突然有一天发了一笔财开始身着华服，但是心里还是总觉得别人的眼光是那么怪怪的。无奈之下，为了给自己的登帝塑造天地之功，证明自己是天意所授，标榜自己血统是天之相承；为了击溃当时旧贵世家的心理优势，改变政治方面的意识劣势，草根皇帝朱元璋最终也只能把自己的老祖宗请出来进行一番神化宣扬。

当太祖将这自家神奇传说不断灌输社会各个阶层时，为了表示对祖先的推崇和孝敬，更为了向天下显示皇家的威严，太祖就在依稀寻到的埋有祖父的小山包前开始建造了规模宏大，尽显皇家雄壮气派的明祖陵，将其曾祖父、高祖父、祖父的衣冠等凡能收集到的或者认为是的遗留之物一起葬在了这里。如此一来，皇家的威严得到了充分的体现，自己的血统更是让世人所推崇，社会上也就再也没有谁会乱加评论了。

明祖陵营建时代之谜

历史就是如此作弄人，当年朱元璋命太子朱标修建泗州祖陵，本想为自己的老祖宗添上些许光彩，想不到祖陵竟沉入湖底300多年，弄得无人知晓。要是朱元璋知道这个结果，不知他会气成什么样？也正因为明祖陵在湖底沉睡了300多年，给我们留下了一大堆的历史疑谜，留待有缘人去探索和发现。目前，引起了比较大的争议的就是关于祖陵的营建年代，对此人们有这样几种说法：

明祖陵石像

一是元朝末年说。这种说法认为，朱元璋在元顺帝至正十六年（公元1356年）攻克金陵后，就马上设立典乐官，动议修建祖陵并付诸实施。至正二十一年，元泗州守将薛显以城降；至正二十六年，濠州李济又以城降。至此，朱元璋的祖父坟均在他的控制之下，他以吴王的身份从金陵出发，前往泗州、凤阳省墓。而早在至正二十三年时，身居滁州的小明王内降制书，封赠朱元璋三代为国公。若朱元璋已得泗州，仍置其祖坟而不顾，小明王的封赠无疑就是对朱元璋的讽刺和谴责。依当时情况分析，封赠三代之举，多为朱元璋已经建造祖陵之后才会有的举动，小明王当不会惹是生非自找麻烦的。

明祖陵神道

另一种说法是明朝初年。根据《明史·礼志·山陵》的有关记载，太祖朱元璋即位后，“追上四世帝号。皇祖考熙祖，墓在凤阳府泗州城北，荐号曰祖陵。设祸祭署，置奉把一员，陵户二百九十三”。洪武四年时，“建祖陵庙”。如果单是一般的两个破坟堆，当然是不能建庙称陵的，只有大肆建筑后才会这样。

第三种说法是洪武十九年。有本《帝乡纪略》的书说，洪武元年追上等号后，因制祭典，号称祖陵。《凤泗皇陵记》也有相似的记载，说高皇帝龙飞之后，“追尊四代，已建仁祖淳皇帝陵于凤阳，因命皇太子至泗州，祭告祖考妣于泗州。然未识玄宫所在，时向城西濒河凭吊，岁时遣官致祭”。这两本书说，洪武十七年十月，太祖的宗人朱贵回到家乡，指出了熙祖的居处、葬处，画好图奏上，至此太祖才明白自己的祖宗在哪里。十九年，派皇太子去修陵，号曰祖陵。官方史书《太祖实录》中，虽在洪武十九年条下只见到太子致祭皇陵，不曾提到祖陵，但二十二年十一月条下，有道官祭祖、皇二陵的记载。

明太祖孝陵：草根皇帝的地下王国

明孝陵位于南京钟山，是明朝开国皇帝朱元璋的安息之所。一个从普通农民到上天之子、龙之化身的传奇人物，一生的奋斗和不凡的经历，在皇帝的光环卸去之后，留下这样一座宏伟、神秘的陵墓，成为他宏伟一生基业的最终归宿。

太祖有没有葬在孝陵

在南京民间，流传着这样一个连小孩子都知道的传说，公元1398年朱元璋下葬那天出现了“迷魂阵”，就是南京的13个城门同时出殡。此说法史书有记载，朱国桢的《皇明大政记》称，朱元璋下葬那天“而发引，各门下葬”。既然朱元璋生前都为自己的归宿找好了地方，选择钟山山阳的地块筑陵，谁不知道他葬在那里？为何要摆这个“迷魂阵”？莫非朱元璋没有葬在孝陵，这只是他的一个虚冢？这个谜团，一直到了600年后的一天，才有了新的发现。

1998年的秋天，明孝陵里走进一群特殊的“游客”，这些人随身都带着外人看上去很奇怪的家伙，径直走上明楼，把那些怪家伙铺设开，埋头摆弄起来。这批特殊的游客就是江苏省地震工程研究院的技术人员，他们携带的奇怪家伙就是精密磁测（GPM）仪器。他们的目的就是探明进入宝城下玄宫的墓道。

因为在此之前，国内所有帝陵的墓道都是在玄宫的南北中轴线上。所以他们以明楼北“此山明太祖之墓”的“太”字为中心，向东西方向各 40 米，向北 210 米，形成一个东西宽 80 米、南北长 210 米的测网，即他们平常所说的测网 A。为了增加探测精度，专家们把磁测带分成了一个个一米见方的网格，逐个仔细探测。

等到 16800 个测点的所有数据都出来了，分析结果表明，没有发现太多的异常。大家一下子都傻眼了，这怎么可能呢？根据分析结果，技术人员实在看不出明孝陵有大型墓殡的迹象。专家们都不约而同地想起了这个传说。民间流传朱元璋生前滥杀无辜，生怕被人盗墓，因此在死后 13 个城门同时出殡，所以这里不一定就是朱元璋真正的陵墓。

如果专家们就此打道回府，那么这个秘密可能永远都没有解开的一天。专家们不甘心，又沿中轴线东侧设了 B 测网，这回发现了异常向东南延伸的磁导信号，真是“山重水复疑无路，柳暗花明又一村”，技术人员信心大增，赶忙增设了东南 C 测网，终于找到了宝城内明孝陵地宫的中心位置，确认朱元璋就葬在宝城所在的独龙阜下数十米处。

为什么朱元璋的地宫和墓道不在南北中轴线上，而是跑到了东南呢？根据探测发现，明孝陵宝城所在的独龙阜下面有两种截然不同的岩石，而方城的南北轴线处恰好是分界面，东面是相对较软的砂岩，西面是无比坚硬的砾岩。或许正是这些坚硬的岩石阻止了造墓人的施工道路，朱元璋无奈只好将自己的墓道绕了一个大圈子。只是估计朱元璋怎么也想不到，他绕的这个圈子，让 600 年后的人们虚惊了一场。

朱元璋因为遇到坚硬岩石而被迫将墓道拐了个弯儿，这应该是一个意外，但不知道什么原因，这个意外在大明朝 300 多年，竟然成了一个规矩。北京的明十三陵，墓道也都遵循着祖宗朱元璋的“章法”，再也不走正门了，全部从偏门进入墓室玄宫。只是老祖宗是从东边进入的，他们不敢与祖宗相比，只好从西边开个边门进入玄宫。

缘何“陵”定钟山

中国历代帝王陵寝的选址，都讲究风水，都必须是一块绝佳的风水宝地，即“龙穴砂水无美不收，形势理气诸吉咸备”。“草根”出身的朱元璋对陵址选择非常讲究，希望求得风水佳境，以保大明基业世代相传，赐福朱氏子孙。根据历史记载，约在

明太祖孝陵

洪武二年（公元 1369 年），朱元璋就已在钟山之阳选下了自己的陵寝吉壤，使这一地区成了禁地，还下令强行迁走了原先在此的千年古刹太平兴国禅寺（即蒋山寺，原“开善寺”）。

为什么朱元璋会对钟山情有独钟，渴望在那里营造自己的地下王国呢？这背后究竟隐藏着怎么样的玄机和奇妙之处呢？相传钟山古称“龙山”，早在东汉末年，已被诸葛亮、孙权等政治家视为“龙盘”之地，其险要之势可见一斑。朱元璋已经选择了有虎踞之势的石城，也就是今天的南京作为都城，自然也就会将有龙盘之势的钟山作为自己的安息之所了。钟山有东、中、西三峰，古代的风水学称“华盖三峰”，而以中峰最尊。

朱元璋的陵墓就在中峰之南的玩珠峰山下的独龙阜。在孝陵之西，有一座小山，人称“小虎山”，正处于孝陵之右的“虎砂”位上，与孝陵之东的“龙砂”之象左右对列；西南方向的前湖及逶迤南下的“钟山浦”也具有灵动的“朱雀”风水特征。而正对陵宫的孙陵岗

（今梅花山）与远处江宁境内的东山构成“近案”“远朝”的风水形势，宝城后所倚玩珠峰为玄武象，其低垂的地形正符合“玄武低首”的风水要诀。明孝陵的“北斗星”布局恰好处于“四象”之间，人文与自然在这里取得了巧妙的结合。

这样孝陵就具备了左青龙、右白虎、前朱雀、后玄武（在风水学上，凡是屋宅，左边有流水的，称为青龙；右边有长道的，称为白虎；前面有水塘的，称为朱雀；后面有丘陵的，称为玄武）的风水“四象”，加之孝陵的三道“御河”都呈由左向右流淌的形式，这种水，在风水上称“冠带水”，也是十分难得。

其实除了风水要求外，这也是朱元璋和他的建筑设计师们在刻意利用大自然的地形地势。朱元璋因势利导，将三条河纳入自己的寝陵范围，既可以保留泄洪通道，又让河流为陵墓增色。试想如果朱元璋建造寝陵时将此三条河填平，一旦山洪暴发时，其地下王国会是一番什么样的景象呢？

开创明清陵寝先河

明孝陵神道

朱元璋的帝王之宅不仅在风水上占尽了虎踞龙盘之势，在陵寝的制度上也可谓独树一帜。既继承了唐宋及之前帝陵“依山为陵”的制度，又通过改方坟为圆丘，开创了陵寝建筑“前方后圆”的基本格局，开创了明清陵寝制度的先河。

首先，孝陵神道建筑走向呈弯曲设置，一反前代帝陵笔直排列的布局形式。神道为何被设计成弯曲状？其中是否有什么特殊的用意呢？也许朱元璋出身农民，做事比较随意，包括建造自己的陵墓也是别出心裁、不拘一格。

也有人说，因为神道环绕的梅花山为孙权的陵墓所在，当时也有人提议将孙权的墓迁走，朱元璋却敬重孙权是条好汉，于是留着他的墓给自己的孝陵看大门。所以为了避开梅花山使得神道弯弯曲曲。当然，还有一种可能，神道弯弯曲曲是为了顺应山水的形势，因为从风水上看，神道所环绕的梅花山孙陵岗，正是整个陵墓布局的“近案”所在，“近案”通俗地说，就相当于现代的茶几。

其次，孝陵陵宫建筑布局，打破了秦、汉、唐、宋历朝的覆斗形陵台和陵垣四面对称设置“神门”的做法，而代之以“前方后圆”的崭新的陵寝布局方式。孝陵的陵寝制度为什么会形成如此有别于皇陵乃至以前历代帝陵制度的特殊模式呢？这一点，古代文献没有留下相关记载。其原因当与孝陵的卜选采用的风水有关。

明孝陵陵宫

当时的风水追求皇穴应处于“形止脉尽”之地，通俗地讲，皇穴应定在来龙尽端与平坦地带相交处，亦即“垄葬其麓”，追求皇穴的左右两侧须有“龙虎抱卫”之势，与穴相邻的最内侧的龙虎护砂与穴之间还须有“虾须之水以定葬口界线”。

正是由于孝陵地宫的位置按照当时流行的风水要求选在了钟山的山脉尽处，亦即山脚下，而不是远离山体的开阔平原上，所以才导致了孝陵陵制在皇陵制度的基础上又有了前所未有的大刀阔斧的变革。由于玄宫之后紧贴钟山，左右又有护砂抱卫，地势所限，于是有了平面为圆形，前设一座明楼的宝城。宝城左、右、后三面临山的地理环境，直接造成了宝城前纵深布列院落，安排殿宇的格局。而四面环山，兆域内明堂广大的地理特点则使得神道长远深邃。孝陵的这种崭新的山陵制度，有力地烘托出了帝陵的雄伟高大形象，因而被以后诸陵继续沿用，并奠定了明、清两代的山陵的基本制度。

神道石像生的秘密

或许正是因为处于“开创”的缘故，没有先例可依，一切只能摸着石头过河，孝陵的石像生因此有了一些我们今天看上去无法理解的特点。

孝陵神道由东向西北延伸，两旁依次排列着狮子、獬豸、骆驼、象、麒麟、马六种石兽，每种两对，共十二对二十四件，每种两跪两立，夹道迎侍。这些石兽体现了皇家陵寝的礼仪要求，各有寓意：狮为百兽之王，显示帝王的威严，它既是皇权的象征，又起到镇魔辟邪的作用。

獬豸是一种神兽，独角、狮身、青毛，秉性忠直，明辨是非，它能用角抵触有罪的人；骆驼是沙漠与热带的象征，它表示大明疆域辽阔，皇帝威震四方，这在以往的帝王陵神道从未出现过；大象是兽中巨物，它四腿粗壮有力，坚如磐石，表示国家江山的稳固；麒麟是传说中的“四灵”即麟、龟、龙、凤之首，它是披鳞甲、不履生草、不食生物的仁兽，雄的叫麒，雌的叫麟，象征“仁义之君”和吉祥、光明；马，在古代是帝王南征北战、统一江山的重要坐骑，在战火纷飞的战场上常常立下汗马功劳，它具有“老马识途”的智慧，“马不停蹄”的能耐，“一马当先”的奉献精神和忠于职守的高尚品德，为历代封建统治者所钟爱。据说当时为了将这些石兽运抵明孝陵，一般等到冬季时，在路面上洒水结成冰，再用粗大的竹、木做滚轴，一路上用人力推滚到了孝陵。

历经600余年的风雨之后，近年来宝城墙体出现了局部坍塌，墙面剥落，个别地方因为地基沉降逆向撕裂而形成巨大裂缝。相比之下，这些石兽重达数吨，其中大象更是到了80吨，时隔600多年，这些石兽为何没有下陷丝毫？

獬豸石像

原来在修建的时候，工匠们在底下铺设了一层完整的六朝砖。在寻找这个谜团答案的时候，另外一个谜团出现了，那就是明孝陵石象前腿弯反了，石象整整跪错了600年。究竟是当时工匠一时疏忽或是因为不了解而犯下的错误，还是中间有着我们所不知的特殊含义，抑或是这不合理的背后，隐藏着其他鲜为人知的秘密？

马石像

日常生活中的大象庞大的身躯跪坐下来时，前后腿都是往后弯的，而石象的前腿是往前弯曲跪下的，后腿则往后。这个大象的姿势怎么这么别扭？难道这对大象练过瑜伽？这似乎也太玄了点。有人解释说是因为明代难得见到大象，石匠粗心搞错了。

可根据历史记载，明初，作为京城的南京是有大象的。这从地名上就可以看出来，如大、小驯象门，还有保留至今的象房村，当时从国外或南方等地进贡来的大象，进入南京都得先住在象房村一带驯养，待到驯化好了，没什么野性才能进入皇宫内的“动物园”。

大象石像

古代将大象视为太平吉祥的象征，寓意万象更新。每当皇家举行盛典或皇帝出巡，象群必定在仪仗队里，负责驮宝。有时候还站立在御道左右，很壮观。虽然它是皇家的宠物，但毕竟平民百姓还是有机会见到的，从石象雕刻得如此传神来看，石匠也不可能是凭空想象的。要说粗心，也不太可能。明孝陵神道上，跪着的石马前腿往后，后腿往前；石骆驼则前腿往前，后腿往后。都完全符合它们的生理习性，可见雕刻的工匠很细心。

其实这和大象的一个生活习性有关，大象很少会跪下来。因为它们的身体太庞大了，跪下来，腿都吃不消自身重量。除非特殊情况大象才会跪下来，比如在泥坑里玩耍，或者交配。作为皇家宠物，百姓对大象本来就难得一见，更别说见到它的跪姿了。

事情发展到这里，看上去一切都解释通了，但令人意外的是，在泰国的一些画里，竟然与明孝陵石象姿态一样。难道这个盛产大象的国家也会犯这样的低级错误？

佛经里有个故事，说提婆达多和国王想消灭佛及僧众，请佛陀来宫里供奉，之后灌醉了500只大象，计划用醉象踩死他们。佛陀和阿难率领500僧众向王宫前进，到了半路，疯狂的大象冲出来，大家惊慌走避，然而大象到了佛陀及僧众跟前时，竟然安静下来。而且，每一只大象都如五体投地般地跪下，温顺驯服。这个特殊的姿势或许就是指“五体投地”，为了显示佛陀的神通，而创造出现实中大象不可能做到的姿势。

究竟事实真相是怎么样的？是明代工匠难得见到大象跪姿，粗心犯下的错误；还是工匠刻意制造佛教故事里的“五体投地”？到了600年后的今天，这依然是个不解的谜。

明孝陵有没有被盗

皇家陵墓因为葬宝巨多，历来是盗墓贼们觊觎的目标，历代皇陵往往是十室九空，朱元璋的明孝陵究竟有没有被盗呢？很长一段时间内，众说纷纭，莫衷一是。1998年那群特殊的游客给了我们一个惊喜，庞大的孝陵地宫保存完好。这就奇怪了，明朝灭亡以后，明孝陵地面建筑在历次战火中毁坏殆尽，为何偌大的地宫却安然无恙？难道盗墓贼对朱元璋这个曾经是农民的皇帝格外手下留情？

事实上，600多年来，有很多盗墓者光顾了明孝陵，清嘉庆年间，更是曾有百余人乘夜色集体盗掘明孝陵，但是都没有成功。也就是说明孝陵被盗过但仍然保存完好。是什么使得明孝陵能在数百年间屡屡躲过贼手？莫非是明太祖神灵大显，吓跑了那些贼子，还是地宫里暗藏了些杀人于无形的机关，挡住了盗匪的入侵？根据曾主持明孝陵申遗工作的南京大学自然与文化遗产研究所教授贺云翱的深入研究，明孝陵之所以至今保存完好，是明孝陵的特殊防盗措施、历史机缘以及地理位置共同决定的。

明孝陵所在的独龙阜原本是一座坚固的石头山。有些皇陵是从上往下扒开一个深穴，建好后再封起来，但明孝陵却是横向凿入山体，从内部掏空建玄宫。这种横穴式的方法虽然工程浩大，但是十分坚固。在没有炸药的情况下，古代盗墓贼从顶部向下打盗洞根本不可能成功。横穴式设计使得墓道成了盗墓贼的唯一通道。为了隐藏好墓道，修建明孝陵的工匠也是费尽心机。孝陵的墓道并不处于南北中轴线上的正中间，而是偏向了东南一边，这种一反常规的设计使得许多盗墓贼无功而返。

除此之外，明孝陵宝顶高高的封土堆下铺设了厚厚一层圆润的鹅卵石。一方面便于雨水迅速渗透到宝顶排水设施中流出去，更为重要的是它同样也是防盗措施。这类似于古代一种流沙防盗法，当盗墓贼挖开一个洞时，鹅卵石就会从四面八方滚落下来把洞填满。另外，离南京城近也是明孝陵躲过贼手的一个重要原因，只要一有风吹草动，城里立即会知道，这使得盗掘活动不可能持续太长时间。

当然话说回来，虽然明孝陵采用了三大有效的防盗措施，但是如果遇上像东陵大盗孙殿英那样握有重兵和炸药的军阀，也难逃一劫，幸运的是，历史机缘却让明孝陵逃脱了这些大贼的魔爪。

虽然明代以后南京城屡遭战火，但每个新政权无一例外地对明孝陵加以保护。清朝建立后，通过保护明孝陵，有效消除了江南地区的抗清思想。甚至康、乾二帝每次下江南必定要来明孝陵祭拜，康熙还在陵前立了“治隆唐宋”的石碑。洪秀全、孙中山在南京建立政权后的第一件事也是祭拜明孝陵，以示推翻清朝、恢复中华的决心。或许，这一切，真的冥冥中自有定数。

明成祖长陵：人殉的死灰复燃

自明十三陵归来，一段尘封已久的记忆再次开启。数百年前的金戈铁马，它化成了一条长河，化成了银屏上的画面，把众人的眼光再次引向那个已然远逝的是是非非的大明王朝，那个有过短暂的辉煌更充斥着禁锢、愚昧、杀戮、荒唐、糜烂的王朝，是它带着一个古老而辉煌的东方帝国一道慢慢滑落……

因何定陵北京

话说明永乐五年（公元 1407 年）七月，永乐皇帝朱棣的徐皇后去世了，朱棣派了一些风水术士到北京地区选择吉壤，即风水宝地，准备修建陵寝。相信大家都知道，明朝正式迁都北京，是发生在明永乐十九年，即公元 1421 年，为什么朱棣那个时候就决定要在北京，而不是南京修建陵墓呢？事实上原因有两个：

首先是政治方面的原因。朱棣发动政变，也就是历史上著名的“靖难之役”，抢了侄子（当时的建文皇帝）的皇权，而建文帝在宫内大火中不知所终。建文帝下落不明，这让朱棣很不放心，朱棣登基后一直心不自安，除了派人寻找朱允炆的下落外，又制造发动“壬午殉难”，大杀朱允炆朝臣，但人心终究不服，这对朱棣的统治始终是个威胁。北京则是朱棣经营了多年的根据地，是龙兴之地，所以他自登基之初（公元 1403 年）便计划迁都北京。皇陵随之建在北京，也就顺理成章了。

其次，建陵在北京还出于战略方面的考虑。明朝初年，元朝被打败，残余势力逃到了漠北，他们时不时侵扰边境，成为明朝北方的一个长期威胁。然而当时政府机构在南京鞭长莫及，不容易控制北方局势，北方一旦不稳，必定震动中原，搞不好还可能重蹈覆辙，走上宋朝的老路。所以朱棣在迁都北京的同时在北京卜选陵址，应该说是一个极具战略意图的举措。

事实上，定陵北京这一措施对明朝疆域的巩固的确曾起过重要的作用。明正统十四年发生了“土木之变”，当时的皇帝英宗被抓，人心涣散，国本动摇。有人建议南迁（迁都南京）。反对者提出，老祖宗定陵寝于北京的目的就是“示子孙以不拔之计也”，“若去，陵寝将谁与守”？众所周知，古人对祖先都是很尊崇的，怎么能弃祖坟于不顾，丢给敌人呢？这实乃大不孝之举。这一反对暂时使当权者放弃了南迁。

但正所谓“成也萧何，败也萧何”，明末的崇祯皇帝在李闯王攻进了北京城时，他本有机会南迁，起码可以做半壁江山的皇帝。但他没走，在煤山，就是今天的景山上吊了，上吊时披发覆面，表示没有面目见祖宗于地下。

不知成祖朱棣当日北迁之时，可曾想过会是这么一个落魄的结局。

长陵吉壤卜址之谜

徐皇后死后，朱棣派了很多人到北京寻找风水宝地。那怎么会选中现在的天寿山的呢？说起来也是经过了不少周折的。据说曾选了好几个地方。首先选中的是南口外的屠家营，但因为皇帝姓朱，与“猪”同音，而“屠”是宰杀的意思，猪进了屠家必死无疑，所以犯忌讳不能用。

另一处选在昌平西南的羊山脚下，猪和羊本能和睦相处，可是偏偏山后有个村子叫“狼儿峪”，猪旁有狼岂不更危险，当然不能用。后来又选过京西的燕家台，可“燕家”与“晏驾”谐音，也不吉利。原来古代的皇帝死亡，除了叫“驾崩”以外，也叫“晏驾”。

潭柘寺的景观虽好，但山间幽深狭窄，不利于子孙万代的发展，也不宜采用。最后才来到了现在的天寿山。天寿山那时候叫作黄土山，永乐皇帝亲自视察以后，觉得非常满意，当时就下旨定黄土山为他的“万年吉壤”。这一年也正是他五十大寿之年，所以封黄土山为“天寿山”。

天寿山

这一带青山环抱，绿水长流。北面的“龙脉”太行山奔腾而来，气势磅礴，前山一马平川，明堂开阔，蟒山绕其左，虎峪居其右。外围层峦叠嶂，群山罗列回护如“万骑簇拥”“千官侍从”。正是“风水理论”中的“山川大聚”之势，真正只配帝王享用的形胜宝地。

众所周知，长陵是为明成祖的徐皇后所建，那朱棣死后

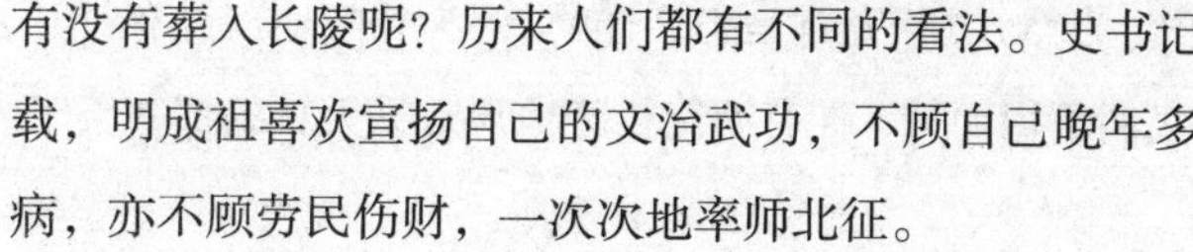

有没有葬入长陵呢？历来人们都有不同的看法。史书记载，明成祖喜欢宣扬自己的文治武功，不顾自己晚年多病，亦不顾劳民伤财，一次次地率师北征。

永乐二十年（公元 1424 年）七月，明成祖于亲征漠北的返京途中驾崩，享年 64 岁。由于事情来得突然，随征的大臣们怕这个消息若传扬出去，宫中会发生变故。于是秘密搜集军中锡器铸成了一口棺材，将尸体悄悄殓装起来，每天还是照常送上饮食，大臣们也是一如既往上奏。为了防止泄密，还把铸造棺材的工匠全部杀害。待到大军回到了北京附近，才派人密报太子。计算一下时间，从明成祖死到棺材运进北京，死讯大告天下，中间整整隔了 25 天。

正因为这个原因，引起了后世的种种猜测。有人怀疑朱棣的遗体并没有运回北京，北京的长陵只是一座衣冠冢。更有一些人因恼恨朱棣造反夺位，滥杀无辜，说朱棣在打猎时被狗熊活活咬死，尸体也被吃掉了。为了说明这种观点的正确性，他们还煞有介事地引用了明朝人的一首诗作为论据“文皇鼎成后，此地葬衣冠。”不过要是仔细分析的话，就可以知道上面的观点其实是断

长陵

章取义，因为这首诗还有后面两句："日月神宫秘，山河帝寝安。"由此可以知道这里的衣冠其实指的是明成祖的遗体，并非常说的衣冠冢的意思。

事实上，史学界一般认为朱棣确是葬在了长陵的玄宫中。根据史书，皇太子朱高炽得到密报，听说父亲死讯后，马上派了皇太孙朱瞻基到开平迎接。先是将尸体安放在仁智殿，当年十二月十三日，又举行了隆重的葬礼。当然，真相究竟是怎么样的，因为长陵地宫没有打开，我们不得而知，唯有期待长陵地宫重见天日的那一天了。

明长陵的稀世珍宝

长陵是明十三陵中的首陵，地处天寿山兆域正中，是明成祖朱棣和皇后徐氏的合葬墓，也是明代保存最为完好的帝王陵墓。虽经近 600 年的风雨侵蚀和战乱骚扰，其主要建筑仍能保存至今，实为中华民族文化史上的一件幸事。虽然长陵地宫没有打开，我们不能知道里面究竟随葬了多少珍宝，但是在侥幸保存下来的地上文物当中，有三件堪称稀世之宝，令人瞩目称奇。

第一件就是长陵的祾恩殿。祾恩殿又名献殿、享殿、寝殿、香殿，明嘉靖十七年（公元 1538 年）改称祾恩殿。为什么将它称为稀世之宝呢？不仅是因为明代所有帝王陵墓中的献殿、享殿都已荡然无存，唯有长陵祾恩殿完好无损。更重要的是支撑殿顶的 60 根大柱，全部是独材楠木。每根大柱的直径均在一米以上，最粗者底径竟达 1.2389 米。

可以这么说，这种等级高、开间多、体量大，且全部由十分珍贵的楠木构成的陵墓享殿，世界上独此一座。楠木之所以珍贵，是因为只产于四川、云南、贵州和湖南的深山绝壁之中。由于生长缓慢，“丈八之围，非百年之物”，又在当时被连年累月进行毁灭性采伐，因此，到了明代中期，成材的大木就已经十分少见了。所以在嘉靖三十六年（公元1557年）四月十三日，大内三殿被雷火烧尽以后，后来在重建时，就只得用别木代之。也正因为楠木的珍贵，民间才有了乾隆明为修缮长陵，实则偷楠木的传说。

长陵祾恩殿

第二件为龙趺碑亭。龙趺碑亭位于长陵第一进院的东南角。建于嘉靖二十一年（公元1542年）五月。之所以将它称作稀世之宝，主要是负载石碑的碑座不是巨龟，而是“龟形龙体”。

我国自晋代以后，石碑的整体形制，逐渐定为“龟趺螭首”。所谓“龟趺”，就是将碑下的石座雕成龟形。此龟又称赑屃，取力大善于负重的寓意。“螭”，传说为蛟龙之属，又称作螭虎。明人陆容说它“其形似龙，性好文彩，故立碑上”。在碑额上常见的蛟龙，即指此物。这座石碑，打破了历代沿用“龟趺”的形制，开创了“龙趺”的先例。

从外形上看，虽然它全身长鳞，四爪抓地，头上生角，但为了能够负重，增大石碑的稳度，仍然在大轮廓上采用龟的外形。除此之外，这座碑亭是目前已知十三陵中唯一保存下来的原明式木架结构。因此，它是研究明代建筑的最好实物资料。由于这座石碑新颖别致，又含有尊崇先祖的寓意，到了清代，很受乾隆皇帝的喜爱。于是，

龙趺碑亭

在修葺明十三陵之后，于乾隆五十余年，在承德避暑山庄为他的生母修建永佑寺时，特地在寺院中依照该碑的形制又照样仿制了一座。此种形制的石碑，大概在全国仅有以上两座。

在当时的条件下是用什么方法将巨大的石碑立到龟背上的呢？具体方法尚未见书，但有“龟不见碑”的传说。日本刻本《文海披沙》中记载这样一个故事：当初明成祖为他父亲朱元璋建碑时，因龟趺太高，石碑怎么也立不上去，这可把管工程的人急坏了。到了期限，要是不能准时完工，误了皇上下葬，那可是要灭十族的，能不急吗？

一天中午，他太累睡了过去，突然梦见一神人对他说：“想立此碑，必须龟不见碑，碑不见龟。”醒后，他想一想就明白了。到工地后，他叫人往龟背上运土，把龟埋起来，然后顺土坡将碑拉上去，等碑立起后，再叫人将土去掉就行了。此段史话虽然带有迷信色彩，然而“龟不见碑”的说法是合乎道理的。这种“堆土法”是古代劳动人民智慧的结晶。

第三件为树龄长达500余年的老杜梨树。此树植于祾恩殿左后角。树高8米有余，胸围1.85米，底部根盘略呈方形，最长一边为2米。依照树形推算，此树大约栽植于宣德（公元1426～1435年）至正统（公元1436～1449年）之间。

人殉死灰复燃

人殉制度是一种极其野蛮的丧葬礼俗，盛行于奴隶制社会，但到了西汉初期，这种制度已遭废除。汉宣帝时，平干缪王因逼迫奴婢16人自杀殉葬，而遭到了撤销爵号的惩罚，这就是铁证。那明代帝陵中究竟有没有用活人殉葬的呢？如果有的话，究竟是历史在倒退，还是历史和我们开了一个玩笑？

历史中明确记载明太祖朱元璋葬在南京的明孝陵，就曾经有46位妃嫔殉葬。老皇帝死了以后，便由新登基的皇帝为他选定殉葬的人员，主要对象为妃嫔和宫女。老子一开头，子孙自然就效仿起来，所以在明十三陵中也有三个陵墓是用于妃嫔殉葬的。朱棣的长陵殉葬妃嫔16人，朱高炽的献陵殉葬妃嫔5人，朱瞻基的景陵殉葬妃嫔10人。

那么明代的皇帝是怎样用活人殉葬的呢？后妃们殉葬的方式主要是自缢还是绝食，这在中国正史是很少记载。不过朝鲜《李朝实录》中却详细记载了给明成祖殉葬的嫔妃集体“自杀”的过程。

明永乐二十二年十月戊午，30余名被挑选出来殉葬的宫女和嫔妃先在殿外用餐，后被带到殿内，这个时候，宫女“哭声震殿阁”。殿内放了三十多张“小木床”，这些即将赴死的妃嫔被命令站到木床上去，她们的头顶上方是已经准备好自缢的绳子，“以头纳其中，遂去其床，皆雉颈而死”。

在这30多个人中，有两个是朝鲜进献的女子，一为宫女韩氏；一为崔氏，封号“美人”。临近自缢时刻，韩氏突然跪倒在地，向与她们“辞决”的明仁宗苦苦哀求，求仁宗放她回国赡养老母，可是仁宗不为所动，最终这两个朝鲜女子只能在异国他乡命归黄泉。韩氏临死时，向她的乳母道别，韩氏回头对她喊道：“娘，吾去！娘，吾去！”话还没说完，脚下的小木床就被抽掉。转瞬之间，30多个女子就被活生生地吊死。

这位殉葬的韩氏宫人，她的哥哥因韩氏入宫，受到永乐皇帝的宠爱，受封为鸿胪寺少卿官职。韩氏还有个二妹，名叫桂兰，也出落得十分俊美。宣德二年，她哥哥想把她也送进宫里，是时她有病未愈。当得知哥哥的意图后十分生气，拒绝吃药，并对哥哥说：“卖一妹富贵已极，何用药为？”

桂兰把给她做陪嫁用的寝席都用刀割坏了，把家藏的财物都送给了亲友，但是最终还是被送进了皇宫。朝鲜仕女们都觉得纳闷儿，她姐姐当了永乐皇帝的宫人，殉葬而死，已经是很可惜了。怎么还要送一个呢？所以当时都管这事叫“送生葬”。

明朝为什么会实行人殉呢？是纯粹的丧心病狂，还是背后有着什么样的力量呢？这一切我们都已经无法得知。明代的宫人殉葬制度，作为皇帝的丧葬礼制内容，延续了很长一段时间。直到英宗临终前遗诏说：“用人殉葬，吾不忍也，此事宜自我止，后世勿复为。”他的继任皇帝宪宗在临终前也再一次强调不要殉葬，以表达对先帝决定的尊重。两代皇帝的坚持执行，终于给明初以来的人殉制度画上了句号。

万历皇帝定陵：费银八百万，奢华赛祖陵

定陵是唯一一座在考古学家手中发掘的古代帝王陵，于1958年改建成定陵博物馆。几十年过去了，当年开掘的种种神秘和不安，都已湮没于如织的参观者喧嚣的人流中了；当年围绕着发掘定陵的争论，也都在年复一年的参观者对中国古代文化由衷惊叹的目光中淡然消声了。唯有那冷冰冰的地宫，那灿烂夺目的稀世珍宝，一直在抗争，一直在诉说，由此掀开了一段尘封百年的记忆……

定陵300年后遭掘是谁惹的祸

1955年的一天，周恩来总理收到一份《关于发掘明长陵的请示报告》。报告落款是中国文化界赫赫有名的郭沫若、沈雁冰、吴晗、邓拓、范文澜、张苏……消息传出，时任文化部文物局局长的郑振铎、考古研究所副所长夏鼐大惊。

他们立即找到报告发起人之一的北京市副市长吴晗，希望他收回提议：我国目前考古工作技术水平还难以承担这样大规模的发掘工作，文物的保存、复原方面的技术也不过关，这样庞大的发掘和保存，就连世界上技术先进的国家也会感到头痛……但对主管北京市文化教育工作的吴晗来说，他决心已下，难以改变：全国有

老一辈专家，又有新一代大学生，从人力、物力都有条件胜任这项巨大的工程。

双方争持不下，都把希望寄托在最后决策者身上。5天之后，周总理最后裁决的消息传来：同意发掘。当年12月初，在吴晗主持下成立了由中国科学院考古研究所副所长尹达、夏鼐、中央文化部文物局局长王冶秋、北京市文化局局长张季纯等7人组成的“长陵发掘委员会”。出于慎重，长陵的发掘并没有马上开始，而是做了相应的准备工作，所以向当时的北京市副市长吴晗请示，找一座规模稍小的陵寝“试掘”一下。

1956年3月30日，北京市文化局文物调查研究组派干部3人去陵区进行调查，他们实地勘查了献陵、庆陵、定陵，最后夏鼐、陈滋德提出“定陵封土围墙有现成缺口，可进行试掘，如不能顺利进行时再试掘献陵”。就这样，经过反复比较，最终把定陵作为试掘对象，于是把“长

定陵

陵发掘委员会”改称为“发掘定陵委员会”。

万历十一年（公元1583年）正月，当时，朱翊钧虽然只有21岁，却已经当了11年皇帝了，便借去天寿山春祭之机，动起了择选万年吉地的念头。当时钦天监为他择选了几处陵址，朱翊钧因风水不佳都没有看中。

其中有一处在石门沟，坐北朝南，方向不宜，且堂局狭窄。但另有两处在风水师看来却都是上佳的风水宝地，一处是形龙山，风水师的评价是主峰高耸，诸山拱抱，河水绕脚，众水来朝，形如出水莲花，案山似龙楼凤阁，明堂宏大，辅弼森严，堪称至尊至贵之地；另一处是小峪山，十分符合风水宝地格局，山脉主势强大，水星行龙，金星站穴，左右四辅，拱顾周旋，明堂端正，砂水有情。

朱翊钧在当年九月九日借秋祭之名，亲自去看了形龙山和小峪山两地，现场初定小峪山，回去请求皇太后再正式敲定。第二年九月（公元1584年），奉皇太后之命，朱翊钧再借秋祭陵之机，正式定下了小峪山，即现在的定陵陵址，并改小峪山为现名大峪山。

当年十一月六日定陵动土，至万历十八年建成。但在开挖地宫时却出现了不祥，风水师定下的将来置放棺椁的地方出现了意外，挖出了一块大石头，宝床下无土，这严重犯了风水大忌。出了这么大的风水漏子，把当初推荐陵址的大臣都快吓死了。

有个名叫梁子琦的大臣借机上书参劾礼部尚书徐学谟、辅臣申时行等人的“罪过”，梁子琦当初也推荐过陵址，但徐学谟、申时行认定大峪山才是真龙穴。梁子琦建议，为了大明的万年江山，赶紧择地重建。当时怠政、昏聩的朱翊钧似乎不信邪，一反常态，竟然做出了让大臣倍感意外的决定，他说：“祖宗山陵既卜于天寿山，圣子神孙，千秋万岁，皆当归葬于此山。”并下诏，劝大臣不要再争论了，寿宫吉地就是大峪山。不少说大峪山不吉利的大臣，因此还遭受了处罚。但在建陵过程中，官场和民间关于定陵风水不吉利的议论一直没有停息过。

史载，万历二十三年，定陵已建成5年了，当年开国功臣、风水大师刘伯温的十一世孙刘世廷，仍上书奏称，“大峪山寿宫龙穴非真”。朱元璋建在南京的孝陵就是刘伯温选的，刘世廷的风水理论应该是祖传之术。果然在24年后，李自成攻破了大明的京城，稍后又让关外爱新觉罗氏夺走了江山，明亡清兴。

火烧定陵的传奇

明十三陵中的定陵，历史上屡遭火焚，定陵在人为的大火中烧去了恩殿、恩门、左右配殿。此外，定陵是否遭过天火呢？这不得而知，但民间的一个传说与天火有关。

定陵陵墓建成后，万历皇帝就不再上朝，时间长达25年之久，成年累月，久居深宫，花天酒地，寻欢作乐。一天，神宗正在昏睡中，忽然梦见一个红脸、红发、红穿戴的人来到他的眼前。

万历皇帝吃了一惊，急忙问："你是何人？为何来到这里？"那人说道："实话实说，我是火神爷，你的昏庸无道我们早有所闻，此次，我奉上天之命来惩罚你，要把你劳民伤财建成的定陵烧他个一干二净！"万历听罢勃然大怒，仗着自己是所谓的"天子"，大声喝道："我们朱家天下气数远远未尽，难道真会让我怕你不成？帝王陵寝，自有神佑，谅你不也敢，恐怕你也没有这个能耐！"火神爷："咱们打个赌怎么样？"神宗说："随你便！"火神爷说："要是烧了怎么办？"神宗说："要是将来定陵火烧，让我现在就瞎一只眼。"话音刚落，火神爷竟哈哈大笑而去，再转眼就没影了。万历皇帝吓了一跳，竟从梦中惊醒。过了几天，也没有什么事发生，万历皇帝也就没在意。

话说定陵旁原有定陵村，定陵村北有块石碑。一天，这块石碑上面突然出现了一个月亮样的东西，一到夜里便把定陵村围照得像白天似的。不久，村里来了一个老乞丐讨要饭食。村里的穷苦百姓都挺同情他，要到谁家都尽其所能给口吃的，财主们则烦他、骂他。这个老乞丐挺古怪，几天之后不再要饭，改成摆摊了，摊儿上摆着筷子、红枣、梨、大火烧，只摆不卖，嘴里一个劲儿地喊："筷、枣、梨、大火烧。"

本来这几样东西就摆得不伦不类，又只叫不卖更让人稀奇，就都当他是疯了。疯老头儿叫了三天，又无影无踪了，而村北的那块石碑上的月亮却更亮了。人们琢磨老头儿喊的那句话，筷、枣、梨、大火烧，不就是快早离，大火烧吗？莫不是告诉我们要有天灾人祸，赶快逃离？一传十，十传百，穷人们就都收拾收拾，或是投亲靠友，或是游走他乡，离开了村子。

穷人穷没负担，富人家家产大，就是信也舍不得走，守着家财。到了第四天，五更时分，可不得了，真就一场冲天大火烧起来，把定陵和定陵村烧了个一干二净。

地主老财们家财没守住，人也烧成了灰。听到这个消息的时候，万历皇帝正在小憩，他正想要睁开眼看看周围，左眼忽然被眼屎糊住，不久，左眼竟真的瞎了。回想梦中的情景，他不禁神志迷乱，从此一病不起，没过几天就死了。

历史上的定陵村从此消失了，只剩下村口的半截柱子，后来那里成了一片荒林，再后来成了一片果园，至于定陵和定陵村是天火烧的，还是人为烧的，至今没有一个明确的说法。

打开玄宫石门记

定陵发掘一直比较顺利，学者们想象着神秘的地宫即将展现在自己的眼前，一个个都热血沸腾、激动无比。突然，人们一片沉寂，怎么了？原来在大家面前赫然出现两扇巨大的紧闭的汉白玉石门。每扇石门高有3.3米，宽有1.8米，有4吨重，门上有青铜门梁，用人力无法推开。更糟的是，人们发现在石门的背后还有一块长条小石碑似的“顶门杠”，死死地顶在门后，怎么办？

俗语说“危难之处总会有人显身手”。这话还真不假。就在这时，忽然有人说：“让我来试试！”大家回头一看，只见一个小伙子从人群中走出来。他只用了一根木条及一些铁丝，不到5分钟便打开了大门，真神了！就这样，这座沉睡了几百年的地宫被打开了，那么到底那位年轻人是怎么打开地宫大门的呢？

定陵地宫

原来“没有不透风的墙，也没有不留缝的门”，打开地宫的关键就在于两扇大门之间有个缝隙，而且可以插入一根木条。工作的程序是这样的：第一步，将硬木条

地宫出土文物

插入门缝中，轻轻用力将石门后的自来石从门后的槽内顶起，并保持原位置；第二步，轻推两扇石门，直到能将手伸入为止；第三步，将绑在木条上的铁丝做成一个长方形的套，从自来石的上部将其套住，这样既保证推门时自来石不会从后面翻倒损坏文物，又不影响进一步推开地宫大门；第四步，一边进一步推开大门，一边用力将被套住的自来石往侧面拽动，目的是让自来石的下端出凹槽失去支点，以便打开其中一扇大门；第五步，当大门打开的程度可以钻进一个人时，下面的问题就迎刃而解了。

说也怪了，打开地宫后既没有发现惊险电影里所描写的重重机关、防不胜防的暗器，也没有传说中的为了防止营建皇陵者泄露皇陵的秘密而把施工者活埋或封闭在地宫墓穴中的事情，似乎失去了惊险刺激的味道。其实这也很好理解，或许是因为万历皇帝认为大明江山气数远远未尽，借他们十个胆子也没有人敢挖皇陵，甚至想都没人敢想，既是这样，又何必设机关、暗器，杀死筑陵者，而让天下人耻笑呢？

地宫中出土的文物达3000多件，其中除少量祭祀用的礼器，绝大多数都是万历皇帝和他的两个皇后生前的生活用品。随葬品里有被称为冕的皇冠，还有一些为皇帝专用的铠甲、腰刀和弓箭。在棺椁中发现的金冠，需用150根细如丝发的金线、经非常复杂的工艺才能制作完成，这说明明朝的手工业者已掌握了高超的贵重金属制作工艺。定陵中还发现了4顶皇后戴的龙凤冠，用黄金、翡翠、珍珠和宝石编织而成，其中一顶镶嵌着3500颗珍珠和各色宝石195块。

衮服

定陵中出土最多的是丝织品。整匹的丝织品在出土时依然色彩艳丽。出土的衮服采用中国传统的缂丝工艺织造而成，据说即使是最熟练的织匠，要织完这件衮服也需要10年的时间。随葬品里皇后穿用的袍衫，采用的是复杂的刺绣工艺，整个袍衫总计使用了4种昂贵的丝线和11种不同的刺绣方法才全部完成。

探秘神宗奇怪的葬姿

1956年，考古学家夏鼐主持了中华人民共和国成立以来最重大的一次考古发掘——北京明十三陵定陵的发掘。当人们揭除了11层衣物被服后，惊奇地发现神宗皇帝的遗骸并不像人们通常见到的那样仰面朝天地躺着，而是呈现出一种前所未有的右侧姿态：头部稍向右偏，左臂下垂，手压在腹部，右臂向上弯曲，手放在头部右侧。脊柱上部也向右弯曲，左腿伸直，右腿微屈，两脚向外撇开。

与此同时，在定陵中发现的神宗皇帝两个皇妃的埋葬姿势也是侧向右边。据考古专家解释，在古代夫妻合葬墓中，妇女屈肢侧葬并不少见，这反映了父权制统治下，妇女屈从丈夫的不平等待遇。但是像定陵这样皇帝、皇后无一例外地侧向右卧，则显然不可用通常的男尊女卑来解释。

半个世纪过去了，神宗皇帝的葬式为何采用“仰面朝天，右手扶着自己的面颊”的怪异姿势一直是个未解之谜。最近随着明孝陵考证的深入，有学者认为，古人以紫微星垣比喻皇帝的居处。“北斗七星”在古代被认为是极星，指向正北，位于天空中心，在星宿中属紫微垣。

古代常以星象变化预测人事吉凶，紫微垣对应的是人间帝王，是帝星所在，所以极星北斗又被认为是天帝居住的地方。而从古代风水学的角度来看，这种“北斗七星”式的S形葬式最能够“聚气”。按照“事死如事生”的观念去分析，皇帝死后也需要生气，有了生气，也就有了万物，预示着子孙万代繁衍旺盛。如果依此推论，帝后的葬式源于天象之说，也是有一定道理的。基于这些原因，学者推测这可能是明代帝王的一种独特葬姿。

但是，这仅仅是一种推测，这是否会是无意间偶然形成的呢？据史料记载，明神宗的丧葬过程出现过许多意外现象，也就是说明神宗是在一片混乱的过程中下葬的。

由于棺椁沉重，举动困难，而奉命抬棺的8000营军都不惯抬行，杠索时有损坏。如棺椁到了巩华城，抬举棺椁的主杠突然被压断，棺椁的右一角坠地。从1957年定陵玄宫被打开时的情况看，棺床上随葬器物箱上还有绳索的痕迹，有的木杠还没有撤下，说明帝后入葬玄宫时秩序是比较混乱的。

在这个混乱的过程中，尸体的姿势完全是可能改变的。神宗的奇怪葬姿究竟是如专家推测的那样是有意为之，还是混乱情况下无意造成的？这在很长一段时间内恐怕仍然是个谜，估计只有等到明朝其他皇帝的棺椁打开才能得到答案。

清永陵：解密清朝兴衰的风水龙脉

永陵是著名的清初关外三陵之首（另外二陵是坐落在沈阳的福陵和昭陵）。也是我国现存规模较大、体系完整的古代帝王陵寝建筑群。它具有我国古代建筑的优秀传统，充满了满族艺术风格，是我国宝贵的文化遗产。

景祖、显祖缘何迁出又迁回？

时隔 34 年后，为什么将景、显二祖又迁回了清永陵呢？其实早在顺治十三年（公元 1656 年）六月十六日，以议政大臣鳌拜为首的一些大臣上书顺治帝说："兴京景祖翼皇帝、显祖宣皇帝陵自克取辽阳后迁至东京，原以便展谒，申祭飨也。今据钦天监地理官奏称，兴京皇陵风水实系第一福地。请仍迁景祖、显祖陵于肇祖原皇帝、兴祖直皇帝陵旁、庶与风水有合等语。夫果旺气所钟，福祥攸萃，宜如所请，将各陵界内坟墓、房屋俱应迁移。被圈地亩应交户部拨补。"

顺治帝福临认为鳌拜的这个建议不可行。他在奏章上批阅："东京二陵自太祖、太宗时择吉恭迁，安奉已久，展谒致祭，孝慕可伸。今以地理之言，又议迁移，恐未合理。况本朝诞膺天眷，国运昌隆。移陵东京之后，肇基一统，垂裕万年。言乎福地，允推至善。至于周围界内臣民坟墓安集已久，议令改迁，亦属未协。其另议以闻。”

福临否定了鳌拜的建议。但过了一段时间，鳌拜等人又旧话重提，再次建议迁回二祖，他们的理由是“陵寝风水所在，今议将东京二祖陵迁附兴京，于理为协”。这次福临没有提出反对意见，采纳了这个建议。于顺治十五年九月初八日将景祖觉昌安、显祖塔克世梓宫迁回兴京陵。随二祖梓宫一同迁走的还有武功郡王礼敦、恪恭贝勒塔察篇古的灵柩。

永陵

鳌拜等人两次上书将二祖迁回永陵，提出的理由都是认为永陵实乃第一福地。那究竟永陵的风水有什么独特的魅力呢？

《葬书》曰：“土地之山，若伏若连，其原自天。若水之波，若马之驰，其来若奔，其止若尸。若怀万宝而燕息，若具万膳而洁齐，若橐之鼓，若器之贮，若龙若莺，或腾或盘，禽伏兽蹲，若万乘之尊也。”“葬山之法，势为难，形次之，方又次之。势如万马，自天而下，其葬王者。”

永陵位于新宾永陵镇西北一公里处，龙祖为长白山，龙祖从东北转北再转东南逶迤而行，一路绵延上百公里，层层簇拥。永陵龙前呼后拥，龙行有如巨浪蜂拥，气势非凡，到头开肩展开金水连珠帐，左右二缠护龙护送到头。穴星为巨门星体，穴星正顶下脉，到山脚现孩儿脑，开口吐唇，左右龙虎均称，结为巨龙含珠之穴。

永陵之龙，形势俱佳，具万乘之尊之势。再加上波光潋滟的苏子河、草他河如同两条银色飘带，镶嵌于陵区。四周群山朝拱，众水朝宗，前方若百官朝揖。左边青龙蜿蜒，右边凤山翔舞。穴前明堂开阔宽平，天门开而地户闭；外山包裹密如城垣，四周秀峰罗列。午方烟筒山，巍峨而雄伟。寅方天马星秀，禄马贵人方秀砂耸起。清顺治朝钦天监杜如予评为“天下第一福地”，风水绝佳。

更加神奇的是，“青龙、白虎、近案”这些山距永陵都是12里。位于后方的坐山有12个山头，陵宫恰好位于其中。前方的龙须水（苏子河）流经此地长度正好也是12里。12这个数字象征着清朝12代皇帝，而永陵的风水地势所有的数据都与12相吻合。玄而又玄的是永陵后山有十二星峰，中间三个星峰最高，此与顺治、康熙、乾隆时期之鼎盛正相对应。嘉庆以后，清朝逐渐衰落；最后一个星峰隐约难见，几乎不能称其为峰，第十二个皇帝溥仪成了末代皇帝、亡国之君。

神树的传说和兴衰

永陵占据了绝佳的风水宝地，根据《清穆宗实录》相关记载，这和一棵具有神性的古榆树有关。

明朝末年，崇祯皇帝当政的时候，钦天监夜观天象，忽然发现辽东有望不断的紫气滚滚而来，就像百条神龙在腾云驾雾。崇祯皇帝闻讯大惊，他怕这是混龙出世，担心自己皇位被篡，就从南方找来一个道行高深的风水先生赴东北破除这100条龙脉。风水先生带领一班人马来到东北，走东沟，串西岗，一连破了99道龙脉。剩下一条离地三尺的“悬龙”。他认为既然是悬龙，不附在地面上，也就形不成龙脉，就成不了混龙，不破也罢。

于是，他便回京复命去了。恰在此时，努尔哈赤在长白山被其他部落打败，被人追杀，于是，努尔哈赤背着父亲的尸骨，沿着长白山逃下来，打算给自己的部落找一个落脚的地方。这天，他来到苏子河畔，打算先住进附近一个小店。但是当地人怕犯忌讳，说什么也不让他住店，无奈中他只能把祖先的骨灰盒取下来夹到了一棵树杈上（当地习俗骨灰盒是不能着地的，不然就等于落葬了），准备次日来取，然后回客店住下。

第二天要走时却发现怎么也拿不下来，一着急，他拿出腰刀猛力朝小树杈砍去。转瞬间，砍开的口子又愈合了。他感觉到很奇怪，便从当地找来一位看风水的先生，才得知这儿是块风水宝地。这座山形似一条龙，南面那座山形似凤凰，中间平原上有一条河（苏子河）。这在风水上称为龙凤夹一杠，预示着后辈必当皇上。后面龙岗山有 12 个山包，暗示着将有 12 代皇帝。

这时，努尔哈赤终于明白了原来后面的启运山就是一条龙脉，不着地，是一条悬龙悬在半空中，而自己在无意中放骨灰盒压中了龙脉。于是，努尔哈赤葬好骨灰匣就回到长白山，把部落迁到离龙岗山不远的赫图阿拉住了下来。后来，努尔哈赤以父祖被害为由，发布“七大恨”起兵。他东征西讨，真的打败了明朝，做了清王朝开国皇帝，清朝也真的出了 12 代真龙天子。

从某种意义上说，给清朝带来 12 位皇帝的这棵“神树”曾经是清朝自身的一个象征。据记载，1863 年枝繁叶茂的大“神树”被大风连根拔起，巨大的树枝将永陵启运殿的屋顶都压坏了。紫禁城的同治皇帝感到此事不吉利，为了保住清朝的“气数”，他急忙命令两位大臣赶往东北，用木墩子撑住神树。

然而，所有努力都无济于事，神树的“天根”最终还是抵挡不住天意，连根烂掉了。若干年之后，神树旁边又长出了一棵小榆树，名曰“配榆”。人们原以为这棵配榆会给清朝带来新的生机，而正如风水师所预言的那样，这棵小树也渐渐地枯萎，大清帝国到了第 12 代便谢下了那长长的历史帷幕。

现在，这棵神树已经不复存在，只留下乾隆的《神树赋》永远铭刻在石碑上。只有神树的一段残根陈设在陵园，作为这棵“神树”在历史上曾经存在过的历史见证。

清永陵未解之谜

清永陵虽然已开放多年，研究它的专家、学者大有人在，但永陵的神秘外衣总是无法揭开，至今仍有许多谜团未解。

坐龙之谜。龙的形象历来是腾云驾雾，威风凛凛，但永陵四祖神功圣德碑亭的门口券脸上，却刻着似龙似犬的龙纹，远看就像两条坐在地上看守大门的狗。这就是造型独特的坐龙，坐龙昂首张口似长吟，肩微前弓，前左腿翘起，其爪飞踏瑞云。瑞云与后左腿相连。右前腿略向前方直立，爪与地面相接。龙尾上翘向外卷曲。龙首、肩部和四肢饰有卷盟。在龙的前右腿、尾部及瑞云处，有以双向分开的扁钉残迹，当是为与他物相连接固定而铸。形象逼真，栩栩如生。

这条坐龙就像盛京皇宫里的琉璃升龙一样，在中国的其他地方是看不见的，这坐龙的由来没有人能给一个准确的答案，有人认为满族人民对猎犬有深厚的感情，

满族是女真人的后裔，在清军入关前是以游猎为主的民族，猎犬在其生活中占有重要地位。

这中间还有一个传说，说的是清太祖努尔哈赤在没有起兵前，有一次被明军追杀逃到一个荒草甸子里，跟随他的只有一条黄狗，太祖跑到草甸子里以后因为跑得太累和身上有伤就昏了过去，明军不敢进草甸子就放火烧草甸子，看到火已经烧起来，明军就撤退了。黄狗为了不让火烧到太祖身上就跑到附近的水坑把身体弄湿，然后再跑到太祖身边用身上的水把太祖周围的草弄湿，这样大火就烧不到太祖了。等太祖醒来大火已经熄灭了，大黄狗为了救太祖，活活累死了。

坐龙之谜

太祖为了报答大黄狗的救命之恩，就下令不许他的后代子孙吃狗肉、带狗皮帽子，还用狗形化作龙身立在永陵的神功圣德碑前表彰它的功绩，于是就形成了今天独一无二的坐龙。有人进一步认为，把龙雕刻成狗的姿态不仅体现了满族祖先的特殊信仰，它的另一个重要含义是，清朝初年的统治者希望龙能像忠实的猎犬一样保佑大清王朝稳坐江山。也有人认为，龙是中华民族的象征，狗是满族的重要神兽，两者结合而成的坐龙暗示着满汉一家，天下一统的美好愿望。

五彩云龙袖壁

日月之谜。永陵的正殿——启运殿的琉璃瓦殿顶正脊两端的鸱吻剑把上分别透雕着汉字“日”“月”二字，这种建筑装饰在古代皇陵中很少见。这是工匠贪图一时好玩随便发挥

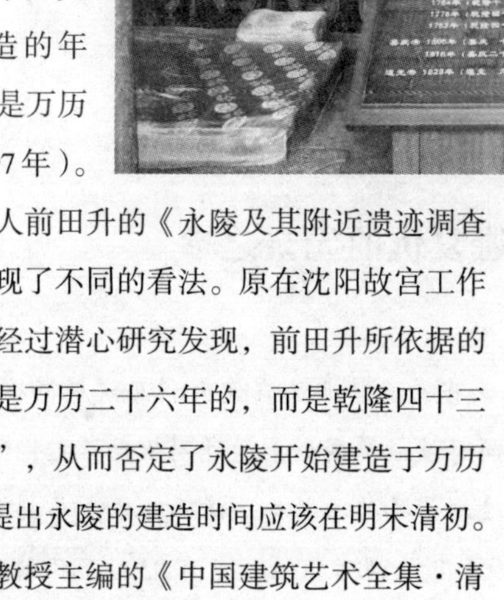

启运殿

的吗？恐怕不是这样的。堂堂帝陵，哪能容人随便？那这背后究竟有什么意义呢？

永陵建于何年。关于永陵的开始建造的年代，以前普遍认为是万历二十五年（公元1597年）。这个说法源于日本人前田升的《永陵及其附近遗迹调查报告》。近年来出现了不同的看法。原在沈阳故宫工作多年的李凤民先生经过潜心研究发现，前田升所依据的“戊戌秋八月”不是万历二十六年的，而是乾隆四十三年的“戊戌秋八月”，从而否定了永陵开始建造于万历二十六年的说法，提出永陵的建造时间应该在明末清初。有天津大学王其亨教授主编的《中国建筑艺术全集·清代陵墓建筑》说永陵约在明嘉靖年间修建。永陵到底始于哪年，至今还是一个不解之谜。

四祖何时入葬。由于生前四祖均未当过皇帝，未建立过政权，势力不大，名气也不高，处于乱世时期，再加上当时文化相对落后，陵寝制度不健全，四祖的生卒日期、入葬日期，现在都已成了难解之谜。

衣冠墓原来有无坟头。永陵内葬兴、景、显三祖及礼敦，塔察篇古，还有肇祖的衣冠墓，然而却有五个坟头，唯独衣冠墓没有坟头。是原来就没有，还是原来有，后来因为长期被风雨吹刷而消失了？如果是这样，同在一座宝城内，为什么其他五个坟头都在，唯独衣冠墓的坟头消失了？如果原来就没有，既然当时增建了衣冠墓，为什么不建坟头呢？背后是否隐藏着什么特殊的含义呢？这些都成了历史之谜。

雍正皇帝泰陵：躲避复仇的无奈之举

2000 年 11 月 30 日，清东陵、清西陵在澳大利亚凯恩斯举行的第 24 届世界遗产委员会缔约国大会上，同时被成员国全票通过列为世界文化遗产。清东陵想必大家都已耳熟能详，而清西陵则不尽为人所知。清西陵位于易县梁各庄西，是一片丘陵地，周围群峦叠嶂，树茂林密，风景极佳。东有 2300 多年前的燕下都故城址，西望雄伟的紫荆关，北枕高耸挺拔的永宁山，南抵滔滔东流的易水河。西陵陵区范围 100 余平方公里，内围墙长达 21 公里，有帝陵 4 座：泰陵（雍正）、昌陵（嘉庆）、慕陵（道光）、崇陵（光绪），后陵 3 座：泰东陵、昌西陵、慕东陵，妃园寝 3 座，王公、公主园寝 4 座，共 14 座，葬 76 人。

为何有东陵还有西陵

早在清西陵营建之前，爱新觉罗家族已在关外有了永陵、福陵和昭陵，关内遵化有了顺治的孝陵、康熙的景陵。到了第三代雍正皇帝勘定万年吉地时既没有葬于关外，也没有葬在遵化，最终笃定于易州永宁山下的太平峪。

雍正皇帝为什么不在孝陵、景陵附近建陵，却要远离父祖之陵，另辟陵区呢？

泰陵前的三架石牌坊

有些人认为，雍正当时为夺取皇位，故意用参汤将父亲谋害，篡改了传位遗诏；登上皇位后又残忍地将与他争夺皇位的、不服的、对其皇位有威胁的众弟兄或监或禁或屠或杀。雍正帝自知理亏，心中发虚，害怕自己的陵寝若依近皇父的景陵，在九泉之下无颜面见皇父，更主要的是害怕康熙的报复，使他永世不得安宁。为逃避父亲的责难和惩罚，所以要远离父亲，另辟新的陵区。

其实这种说法实在是无稽之谈。一是雍正帝是否篡改遗诏谋夺皇位，在学界尚无定论，而且很多历史学家根本不支持这种观点。二是对鬼神来说，来无影，去无踪，瞬息万里，多出 600 里就能免遭报复吗？当时人们寄托的冥冥世界不也是“善恶最终均有报，只是来早与来迟”吗？再说雍正生前居住在北京紫禁城，距离景陵只有 100 多公里，况且雍正帝生前 8 次去景陵，每次都住在景陵附近，难道就不怕报复了吗？

还有些人认为，雍正是一位雄才大略之英主，从不

五孔桥

甘居人下……另辟陵址是为标榜自己，显耀自己。因为只有首陵才拥有陵寝的中心位置，才能拥有自己完整的神道，才能有石牌坊、大红门、更衣殿，等等，规制才更完备，气势才更雄伟。这种说法认为雍正帝好大喜功，为了炫耀自己的功德而另辟新的陵园。要不为什么泰陵大红门前石牌坊是三架而不像东陵、十三陵的一架呢?

其实也不尽然，在陵寝规制中圣德神功碑楼才是主要标榜功德的标志性建筑。事实上，泰陵三架牌坊的设立主要是风水使然。一方面，孝陵第一座建筑是石牌坊，而泰陵是五孔桥，若牌坊设于桥前和照山元宝山之间，就会十分拥簇，不符合陵寝“形、势”的要求，而石牌坊又是陵寝规制的重要建置，和石像生可有可无不同，必须设置，现有的三架牌坊成“品”字形排列，主要是由于组织空间、点缀景观所需，使之和正北的大红门形成一个完整的空间界面，也就是风水中的“闭合”。

假如大红门前只有一架石牌坊，东西两侧均为河道，不仅犯风水中“背水”之大忌，而且从视觉来讲，不仅空荡，而且九龙、九凤两山也给人逼迫之感。而轻灵空透的牌坊的设立不仅巧妙地避开了“背水”之弊，而且装点了大红门的威严，增强了左右两侧的空间层次感，是妙手偶得，更是匠心独运。

其实，雍正另辟陵区主要的原因还是风水。皇帝建陵选址，最讲“风水”，确定或迁移全取决于“风水”的优劣吉凶。陵寝建筑总以“地臻全美为重”，十三陵、清东陵均是这样，雍正帝的泰陵也是如此。难道昌瑞山一带自建了孝陵、景陵以后，就没有上吉佳壤了吗？历史给出了否定的答案，因为自雍正帝在河北易县建陵以后，在昌瑞山一带又建起了3座帝陵、2座皇后陵、4座妃园陵。这几位哪个都不是好糊弄的主，一般的风水地怎么能作为葬地？可见，也不存在没有上吉佳壤的问题。

主要的问题就出在了雍正的性格上，雍正在对待自己万年吉地的选择上，向往的是上上吉之壤，要求的是十全十美，条件十分苛刻，任何一点不足都是他所不能容忍的。雍正自即位之初，便派人在孝陵、景陵附近堪选万年吉地，并再三卜选，但都没有找到十全十美的上上吉地。

现存的雍正谕旨中有这样的话："朕之本意原欲于孝陵、景陵之旁卜选将来之地，而堪舆之人俱以为无可营建之处。"雍正此话不假，后来昌瑞山下3座帝陵的

大红门

风水状况的确没有符合雍正十全十美标准的。

裕陵的弊病是“唯左右阴砂并近案稍低，须人为培补”；道光帝宝华峪的穴地更是因为透水而废弃拆除移向西陵的龙泉峪；咸丰的定陵是“虎砂余气平铺而下，须要人工开拓整修”；惠陵砂山亦均为人工培植。这样便放弃了东陵而将范围扩大到遵化州，后来堪舆之人在距离马兰峪东约 60 里的九凤朝阳山下寻得一块吉地，很快确定下来，并开始准备工程用料。在动工之前又经风水大师们反复相度、研究，认为九凤朝阳山下“规模虽大，而形具未全，穴中之土又带砂石，实不可用”。

对雍正来讲这样大的缺憾是绝不能容忍的，立即颁旨废弃该地，于他处另行卜选。于是由十三王爷胤祥、大臣高其倬带队在京畿周边寻找理想的宝地，经过长时间的卜择,终于在雍正七年(公元1729年)冬在京西易州境内太宁山下发现了这块“乾坤聚秀之区，阴阳合会之所，龙、穴、砂、石无美不收，形势理气，诸吉咸备”的雍正满意的吉地，次年兴工，历时 6 年，泰陵建成。

由于雍正皇帝在西陵首建泰陵，从而产生了“昭穆相间的兆葬之制”。缘由是雍正皇帝首先在西陵建陵后，其子乾隆认为如自己也随其父在西陵建陵，就会使已葬于清东陵的圣祖康熙、世祖顺治帝受到冷落；如果在东陵建陵，同样又会使其父雍正皇帝受到冷落。

为解其难，乾隆皇帝定下了“父东子西，父西子东”的建陵规制，如父亲葬东陵，则儿皇帝葬西陵，父葬西陵，则儿皇帝葬东陵，此称之为“昭穆相间的兆葬之制”。也正是由于这种墓葬制度才形成了清东陵、清西陵现有的格局，造成了清东陵、清西陵两大陵墓群与中国明朝以前历代皇家陵寝建陵制度的根本不同之处。

清泰陵风水探秘

雍正帝对于葬地的风水要求如此苛刻，经过长时间的卜选，相中了河北易县永宁山。这永宁山的风水真的是十全十美，毫无瑕疵可言吗?

古人理想的风水模式可归纳为“背有靠，前有照；左青龙，右白虎，龙抬头，虎低头；负阴抱阳，冲气以为和；明堂如龟盖；南水环抱如弓”。按照现代的理解即为背山面水，坐北朝南，背靠蜿蜒千里的来龙，左右有低岭山冈护卫，前有河流迂回萦绕，对面有远山近丘，朝案拱卫；明堂宽敞，土地肥沃，树木葱郁，河水清澈。

这种群峰屏障的地形使人们追求安全的心理得到满足。四面围合的地形抵御了西北风和北风对木建筑的损害从而使穴区即陵寝主体部分形成较好的小气候。同时，西北高东南低的地形也模拟了中国版图大的地势走向，体现了帝王主宰天下、千秋万代的追求。

永宁山泰陵

泰陵是一处典型的风水宝地。站在大红门前五孔桥上环顾四周，可以看到，北面有连绵起伏的永宁山，为靠山，酷似屏障。永宁山是太行山的余脉，与东陵的昌瑞山属于同一脉系，此山从山西过来，如巨龙横卧中原；大红门两侧的东、西华盖山为天然门户；九龙、九凤山为环护左、右的低岭；南面形态端庄的元宝山，为泰陵的朝山；在中间广阔的平原上坐落着泰陵恢宏壮丽，错落有致的建筑群。

易水河从五孔桥下流过，形成山映于水，水扶于山的格局。“陵制与山水相称，天人合一”的宇宙观在这里充分体现出来，同时又展示出古代建筑学家巧夺天工的高超艺术。正如美国景观建筑学权威西蒙德先生所说的：“埃及人是在他自己预定的一条不能改变的需求道路上一直走到底，中国人在他的世界里独自徘徊时有友好的大自然相伴。”

古人风水之法对水有很高的要求。水，最好是流动的水，讲究的是“来宜取水向我，去宜盘旋顾恋，洋洋悠悠，顾我欲留者，谓水于穴留恋有情也”，忌讳“直冲走窜，激湍陡泻”。

泰陵的三路九孔桥并肩横跨于最后一座马槽沟上，除自然形成的三条河以外，后两道是人工开凿而成，山陵环境质量的完善非常注重对水的处理。水对于大地来说为血脉，能够造就大自然的钟灵毓秀，使之生气盎然；水还可以界分空间，形成丰富的空间层次及谐和的环境组合，而且山水相得如方圆中之规矩，山水相济如堂室之门户。

因此陵区所有随桥泊岸，酌量地势修理，不使浸湿地宫；修筑堤坎，也使水流弯环，免其激射有声，破坏宁静的山陵气氛。所以马槽沟弯如飘带，柔如轻纱，造成“来宜曲水向我，去宜盘旋顾恋”的水势。充分体现出水对帝穴的留恋之情。

清泰陵石像生之谜

石像生是设置在陵墓前由石人、石兽组成的石雕群，用来显示死者生前的地位、身份。令人奇怪的是，清泰陵刚建造的时候是没有石像生的，现在泰陵神道上的石像生是乾隆时期增设的。这中间经历了什么，有过什么样的周折，或许下面的故事能够为我们提供一些线索。

泰陵前的石像生

起初，胤禛（雍正帝）以“需用石工浩繁，颇劳人力”而谕令“不必建设”，所以泰陵初建时没有石像生。

雍正死后，监察御史玛起元给刚即位的乾隆帝上了一道奏折，建议为景陵和泰陵（当时泰陵尚未命名）补建石像生。他的理由是：

“伏思大行皇帝（指雍正帝）所以不用石像生者，必以景陵未经设立，不忍增加，此诚我大行皇帝仁孝之至意也。但石像生虽非风水所关，实系典制所载，万年缔造，有此更可以永肃观瞻。且景陵旁附孝陵，同一大红门，并未分两处围墙，是以圣祖仁皇帝不肯设立石像生者，亦出于孝思之深心。后世子孙欲竭追慕之诚，凡于典礼所载无不曲尽，方觉毫无遗憾。今奴才愚见，请于景陵前应照典制敬为添设。而现今万年吉地（泰陵）亦另为敬谨建立，以备从前所未备，如此始于典制无缺。”

玛起元的这道奏折不仅揭开了泰陵不建石像生的原因，也指出了景陵不建石像生的原因。乾隆皇帝对玛起元的这个建议表示同意，“所奏是，总理事务王大臣议奏”。当时的总理王大臣是庄亲王允禄、果亲王允礼、大学士鄂尔泰、张廷玉四人。四人奉命，遂向当年的相度大臣高其倬和当时精通风水的户部员外郎洪文澜询问泰陵不建石像生的原因。他们回答的不建石像生的原因是：

“泰陵甬道系随山川之形势盘旋修理，如设立石像生，不能依其丈尺，整齐安供，而甬路旋转之处，必有向背参差之所，则于风水地形不宜安设。是泰陵之未议设石像生者，实由风水攸关，非典礼所未备。”这是泰陵不建石像生的真正原因。既不是因“石工浩繁，颇劳人力”，也不是“以景陵未经设立，不忍增加”。

乾隆皇帝对王大臣所回奏的内容并不认可。他提出，既然“因甬道前地势盘旋，难于安设，或将大红门、龙凤门展拓向外，俾地势宽敞，位置攸宜”，于是他命总理事务王大臣会同和亲王弘昼带领通晓风水之洪文澜到泰陵实地敬谨相度，妥协定议具奏。

众臣遵旨前往西陵。经过实地踏勘后，他们向皇帝回奏说：“大红门正在龙盘虎踞之间，护北面随龙生旺之气，纳南面特朝环抱之水，前朝后拱，天心十道，实天造地设门户，不便展拓向外。况石像生之设，古制未详，无大关典礼之处，似可毋庸添设。”

乾隆皇帝见众臣的回答十分在理，无懈可击，只得作罢。

后来，景陵和泰陵都建起了五对石像生。究竟是何时补建的，至今未找到文字记载。据天津大学建筑学院教授、著名风水学专家王其亨先生考证，泰陵石像生当于乾隆十三年补建。

雍正帝无头尸之谜

雍正的泰陵最为引人注目之处，不在于它在清西陵是首陵，规模最大，而在于雍正究竟是不是金头入葬，究竟是不是被刺杀而死？我们先从吕四娘刺杀雍正的传说说起。

吕四娘的爷爷吕良留，生于明代，死于康熙二十二年（公元1683年），他热爱明朝，曾发誓不为清朝当官效力，所以他削发出家当了和尚，取名耐可。当了和尚以后，他的反清思想并没有改变，仍然著书立说用文字抨击清政府，他曾经写下“清风虽细难吹我，明月何尝不照人”的诗句，藐视、讽刺清政府。由于他的诗词主题鲜明、感染力强，招致了一些对清朝不满的文人官吏铤而走险。

雍正年间有一个叫曾静的人，因考试劣等未被录用，产生了与清王朝对立的情绪，他读了吕留良的诗文以后，深受启发，立志反清，于是他派一名叫张熙的学生给川陕总都岳钟琪写了一封信，劝岳钟琪起兵反清。不料，岳钟琪是雍正皇帝的得力将领，非常忠于雍正，所以他见到这封信后，将张熙扣押并严加审讯。他软硬兼施，迫使张熙供出了曾静，曾静被拘受审的时候，把责任全部推到了吕留良身上。

或许在雍正看来，曾静的举动是吕留良的诗文蛊惑所致，而吕留良的诗文则是发自内心深处的恨意，所以吕留良的罪过甚于曾静几倍。于是，一道谕旨，吕留良满门抄斩，所有书刊勒令焚毁。在荒乱中，吕留良的孙女——吕四娘偷偷逃出来，被河南登封少林寺的静一道人带走并收为徒弟。雍正得知这一消息，害怕武艺高强的静一道人来行刺，所以找了很多武林高手追杀静一道人，静一道人只好躲在深山老林里。

一天，雍正得知了他的准确地址后，就派很多精兵把守各个路口，又派了数名武林高手进山捉拿，由于寡不敌众，静一道人惨遭杀害。临死前说一个月后，必有人为其报仇。静一道人这番话传到皇宫里，使雍正大惊失色，数日寝食不安。一个月后，雍正果然被刺，刺客就是静一道人的徒弟——吕四娘。

原来，静一道人被杀后，吕四娘目睹师父的惨死，想起了自己家破人亡的往事。仇恨的怒火燃烧胸膛，为了报仇，她隐姓埋名混进了清廷秀女的行列，果真被选入宫，并被分配在雍正身边，不久就把雍正杀了，带走了雍正的头。

关于雍正皇帝的死因，究竟是民间的传说属实，还是专家们根据史料推测的结论更具有说服力呢？随着雍正档案的进一步发掘和研究，雍正服丹致死的说法越来越引起一些史学家的关注和认同。因为从清宫档案看，雍正确实长期服食丹药。那么，丹药的有毒成分在他体内长期积累，最终发作导致了他的暴亡，这是极有可能的，不少专家都通过著作对此进行了详细的推断。

《活计档》中曾记录："雍正死前的十二天，总管太监陈久卿、首领太监王守贵一同传话：圆明园要用牛舌头黑铅二百斤。"黑铅是有毒金属，过量服食可使人致死。100公斤黑铅运入圆明园，之后不久雍正在这个园子内突然死去。史学家认为这不是偶然巧合，而是直接证明了雍正之死，完全有可能是丹药中毒造成的。

此外，学者们还普遍注意到，雍正的儿子乾隆对炼丹道士的处理露出了许多破绽。就在雍正死后的第二天，刚刚即位的乾隆便下令驱逐炼丹道士张太虚、王定乾。如果不是他们惹下弥天大祸，在这种非常时刻乾隆哪至于大动肝火，还专门为两个小小的道士发一道上谕呢？

乾隆在谕旨中还特别强调，雍正喜好"炉火修炼"是有的，但只是作为游戏，并没有食用丹药。如果真的没有吃丹药又何必辩解呢？就在驱逐道士的同一天，乾隆还告诫宫内太监、宫女不许乱传"闲话"，免得让皇太后"心烦"。雍正刚死，究竟能有什么"闲话"？皇太后为什么听了"心烦"？所有这些，不能不让人推测雍正就是死于服用有毒的丹药，死于炼丹道士之手。

曾经，我们有一次机会解开这个谜团，可惜最终未能如愿。1975年清理清东陵乾隆地宫以后，学术界不断鼓吹要求发掘泰陵，而且泰陵宝城琉璃影壁旧有盗洞一个，泰陵地宫一直被认为早就被盗。

1980年，国家文物局批准对泰陵地宫进行清理发掘。1980年4月8日，正式发掘泰陵地宫，河北省保定市和易县文物局的领导亲临现场指挥。大批媒体云集泰陵。上午9点，发掘开始，在沿着盗洞口下挖了两米以后，发现下面是原封土，盗洞只挖了两米，泰陵没有被盗过。

事情为夏鼐得知，当即向国家文物局汇报要求停止发掘，并把国家文物局关于立即停止发掘泰陵地宫的命令急告当地。4月11日，夏鼐亲自来到易县清西陵泰陵发掘现场宣布了国家文物局的书面指示，泰陵地宫的发掘即告终止，重新把琉璃影壁下的盗口砌死恢复如初，雍正是否为金头入葬仍是一个未解之谜。

道光皇帝慕陵：史上最“虚伪”的帝陵

道光帝的一生充满了悲剧的色彩，他无可选择，无可奈何地处在了王朝衰落的拐点上。这时的清王朝积重难返，各种矛盾集中爆发，牵一发而动全身，各种举措举步维艰。总之，清王朝的命运已经注定，非个人之力所能挽回。而来自西方列强的挑战，无疑令道光帝治国之途雪上加霜。处于这样一个时期的皇帝，在对待自己的陵寝问题上又有什么特殊的表现呢？

险些出了个“清南陵”

道光皇帝是乾隆的孙子，39岁即位，就开始操办自己的百年后事，一向标榜“敬天法祖”“恪遵成宪”“咸遵旧制”的道光皇帝明明知道皇祖有“昭穆相建”的谕旨，自己应在东陵择吉建陵，他却没有这样办，执意想在京西的王佐村营建陵寝，并派出亲信大臣文渊阁大学士戴均元，户部尚书英和带领风水官员前往相度。

道光帝为什么想把自己的陵寝建在王佐村呢？原来那里埋葬着与他共同生活了13年之久的结发之妻——孝穆皇后。道光帝多次去那里祭奠自己的亡妻，对王佐村园寝十分了解，非常欣赏那里的山川形势，因此道光帝想把王佐村的孝穆皇后的墓地改建成皇帝陵。

戴均元、英和都是比较中正的大臣，他们对道光帝这一公开违背祖训的做法很不满意，但又不便公开反对。他们通过到实地勘测、相度，发现将王佐村园寝改建成皇帝陵，不仅要扩大占地面积，迁移许多村庄、庙宇、坟墓，而且还要将原来的园寝建筑全部拆掉重建，同时还要改建地宫。

如此虽名为改建，实际上比重新建一座皇帝陵的工程量还要大，花费更多。同时他们发现王佐村的风水并非完美，存在着许多重大问题。因此大臣们委婉地向道光帝建议“遵祖训仍于胜水峪附近地方钦派大臣率同通晓堪舆之人敬谨选择，以昭慎重”。

道光帝自知理亏，无言以对，但又不好意思立刻改口，不然皇帝的尊严何存？于是令大学士、军机大臣会同六部“妥议具奏”。很快，以东阁大学士托津为首的大臣将会议的结果奏给了道光皇帝。托津等人列举了放弃王佐村，建陵东陵界内的一系列理由：

一、东陵界内之山为干龙，王佐村之山为支龙，“支龙结穴纵得全美，总不及干龙都会之区”。

二、王佐村园寝福地“西来之随龙水，按古法应作‘之’字旋转之势”，“微有未符”，不合水法。

三、王佐村福地“碍于畚筑不能添建宝城，亦于体制未符”。

四、“迁徙庐墓，虽减之又减，臣等仰见圣心仁爱，仍恐有违约己从民之意”。

五、在遵化东陵界内建陵，竣工后，可将孝穆皇后从王佐村迁葬东陵，“迁葬之事载于古经堪舆之书，亦所不避。揆之典制，推之礼仪，均为允协”。

道光帝面对群臣有理有据、合情合理的规劝，自觉心虚理亏，知道再也不能固执己见了，于是改口说：“万年吉地仍按昭穆相建，所议甚是。皇祖高宗纯皇帝垂训，我朝景运庞鸿，继继承承，吉地依昭穆次序东西递建，洵为万世良法。朕自应恪遵成宪，于东陵界内选建万年吉地。”

经戴均元、穆克登额等人详加相度，并经道光帝的钦定，最后万年吉地确定在东陵界内的宝华峪，并于道光元年（公元 1821 年）十月十八日卯时开工。历经 6 个寒暑，于道光七年（公元 1827 年）秋全工告竣，同年九月将孝穆皇后葬入宝华峪陵寝地宫。

两建一废的玄机

道光皇帝一生崇俭戒奢，向来为人们所称道。唯有一件事构成了对其节俭人生的绝妙讽刺，那就是关于修建死后居所——慕陵的惊人靡费。为何道光帝再次违背了祖训，废弃了已经完工的东陵界内的陵寝，选择在清西陵界内重新修建新的陵寝？

有这样一个传说，工匠们在陵寝的建设过程中，发现此处地下水位较浅，地宫出现渗水问题。众臣对此一筹莫展。此时保险的办法是重新选址，但负责修陵的大臣英和深知一旦前功尽弃，前期大笔投资全部泡汤，而且涉及风水问题与皇家忌讳，道光帝肯定会怪罪下来，不仅逃脱不了干系，还将被追究刑事责任，所以，他决定硬着头皮干到底。

英和命令工匠在施工时采取防水措施，力求蒙过皇帝的验收。陵寝竣工后，道光帝亲临现场验收，可道光帝对工程验收一点不懂，是个十足的门外汉，他看到陵寝气势恢宏，自然也就很感满意了，重赏了主持修陵的各位大臣，并主持了孝穆皇后钮祜禄氏的棺椁迁葬一事。

道光八年（公元 1828 年）初夏，道光帝出京越塞行围打猎。一天夜里，忽然梦见已去世的孝穆皇后在一片汪洋中向他呼救，道光帝遂被噩梦惊醒。待他打了个激灵从床上蹦起，燃灯打坐了半日，静住心神刚刚入睡，忽又传来皇后的惊呼求救，透过朦胧的黑夜，隐隐能看见皇后在水中挣扎的背影。一连三次，道光帝连惊带吓被折腾得睡意全无。他索性穿衣下床，静下心对这个怪诞的梦反复琢磨。想到可能是自己在东陵的陵寝地宫浸水，已入葬的皇后被水浸淹，故有梦托来。

第二天一早，道光帝传旨，派一群重臣火速赶赴遵化马兰峪，将自己的陵寝地宫打开。臣僚赶到后打开地宫，果见有水涌出，为避免皇上对此气恼伤心，急忙想办法将水舀出地宫，但地宫下和四壁墙角之水仍涌动不止，前来视察的臣僚大骇，不敢继续隐瞒，遂快马报告皇上，看如何打算。

道光皇帝闻讯，很快前往马兰峪亲自视察，当他来到陵寝地宫时，发现靴底潮湿，墙角处有水涌出。道光见了大为惊奇和愤慨，他惊奇自己的梦果然灵验，看来皇后的灵魂确实尚在阴阳两界不死不灭，还与自己的灵魂有着沟通；愤慨的是地宫才关闭几个月，就有如此不祥之兆出现，那待自己寿终正寝后，几十年、几百年，又会是什么模样？那时的地宫不成了水乡泽国？自己躺在大海或江河湖泊里，尸骨何以幸存，灵魂怎能安详？若非皇后死后有灵，事先托梦于自己，待驾崩之后，儿孙面对这个浊水滔滔的地宫，成何体统。

想到这里，道光怒火冲天，立即传谕留京王大臣会同刑部堂官，对选陵修陵大臣庄亲王绵课、大学士戴均元等主要人员及地宫浸水原因“切实根究”。谕旨一下，那些在几个月前才得以加官晋爵的臣工大员，还没从惊喜的美梦中醒过来，已被全部捕进刑部衙门，兴师问罪了。

道光帝真的是因为对在东陵选址失去了信心，不得已才将自己的陵寝修建在西陵的吗？恐怕这仅仅是他的一个借口，没准心里正偷着乐呢，不然如此大事，相关人员居然没有一人被诛杀，这怎么可能呢？其实陵寝依山而建，地宫又深在地下，地宫里出现潮气、水珠甚至渗水并不奇怪。

当年裕陵刚刚建成，地宫里就出现了渗水。经过维修改造，数十年没有出现渗水。宝华峪地宫完全可以以裕陵为例，修补地宫。退一步讲，即使重建地宫，或在东陵界内另卜陵址，也要比搬到数百里之遥的西陵重建要节省得多，同时还不违背“昭穆相间”的祖训。当时确有一些有见识的大臣提出就地修理地宫，或在东陵另卜陵址的建议。如署热河都统松筠就建议在“孝陵之右、裕陵东北一带，可否令精于堪舆之人详加履堪”。道光帝不想采纳，批道：“朕自有主见，徐为之。”

自道光帝把陵寝从东陵搬走后，清东陵界内又先后建起了两座皇帝陵、两座皇后陵和两座妃园寝。既然东陵还有如此之多的风水宝地，道光帝为什么不在东陵择建？道光帝明明知道有“昭穆相间”的祖训，自己应该在东陵择吉，可他却非要搬到西陵重建不可。究竟是什么原因使得这位“恪守成宪”的“模范”皇帝有如此勇气去破坏祖训家法呢？

道光皇帝在他的两首诗中泄露了天机，他在诗中说：“东望珠阜瞻依近，罔极恩慈恋慕萦。”“郁郁山川通王气，哀哀考妣近陵区。”他在诗的注释中说：“皇考仁宗睿皇帝、皇妣孝淑睿皇后奉安昌陵，山川王气，毓瑞钟祥。兹龙泉峪在昌陵之西，相去八里许，五云在望，一脉相承，子臣依恋之忱，庶符夙愿也。”简言之，就是龙泉峪紧靠昌陵，可以长倚父母膝下，达到他“子随父葬”的夙愿。

这才是道光帝两废一建的真实原因。孝道固然重要，可如此尽孝，未免代价也太大了。在建陵一事上，道光帝给国家造成了巨大的浪费，给人们带来了沉重的负担，但他并不知悔。他认为这是天意，是合情合理的。有诗为证：“毋谓重劳宜改卜，龙泉想是待于吾。”意思是说不要认为他的陵寝由东陵改建到西陵是劳民伤财，龙泉峪是上天赐给他的，这不能不令人怀疑道光帝平日反复表白的“恪遵成宪”“节俭”“爱惜民力”是否发自内心。

外俭内奢的帝陵

帝陵选址最终定在了西陵，道光帝终于如愿以偿。道光十一年（公元1831年）十一月初八日酉时，龙泉峪陵寝在承修大臣工部尚书穆彰阿、户部左侍郎敬征、礼部左侍郎宝兴、工部右侍郎阿尔邦阿的亲视下破土动工了。

动工之前，道光皇帝说：“凡一切规模务从俭约，不许纷繁，是图此地亦不易耳。”并又一次亲自对龙泉峪万年吉地工程做了具体的规划，下谕旨曰：“酌改宝城规制。方城、明楼、穿堂诸券、琉璃花门、石像生俱著撤去。大殿三间单檐成做。甬路不必接至大红门。至地宫宝顶、月台、丹陛并建石牌楼一座，俱照所议办理。宫门前著建一路三孔桥。”

确实，建成后的慕陵与清其他帝陵建制多有不同，不仅裁撤了大碑楼、石像生、华表、二柱门、三座门、方城、明楼等建筑，而且缩减了一些建制，如隆恩殿由重檐五间改为仿效盛京福陵、昭陵的单檐三间歇山顶的回廊式，大殿及月台四周撤销了石栏杆，东西配殿由五间改为三间，隆恩门前神道桥由三路三孔拱券桥改为单路三孔拱券桥。

慕陵

这个道光帝还真是维护他节俭的光辉形象。但事实是否真的如此呢？试想前面宝华峪出了那样的漏子，哪个大臣还敢怠慢

单路三孔拱桥

啊！因此，整个龙泉峪陵寝工程，虽说裁减了诸多建筑，但据查考，此陵共耗白银 240 多万两，比建筑宏伟、工艺精美的乾隆皇帝裕陵还多花了 37 万两，比穷奢极侈、豪费无度的耗银 227 万两的慈禧太后的定东陵，亦多花了 13 万两。那么，慕陵如此靡费，到底与其他清帝陵相比，其奢华之处在哪儿呢？

首先就是陵周围墙垣砌筑方式与众不同。一般陵寝的围墙，上身多为糙砖灰砌，外表涂抹红灰，缝隙饰刷红浆，而墙之下肩采取磨砖对缝，干摆灌浆。这种磨砖对缝、干摆灌浆的工程做法，不仅颇为费时费料，而且工艺十分复杂、造价极高，而慕陵围墙从底到顶全部采用此一方法垒砌，且墙顶一改惯制以黄琉璃瓦覆盖。

远望慕陵，以木材原本底色作基调的各组建筑，在灰黄相融的陵墙围护中，显示出一派清明肃穆、朴实凝重的气质。

其二，慕陵减裁三座门，只是改变以往工艺简单、砖瓦木石结构而已。慕陵采用木结构的建筑形式，并且完全用巨石构成一处三间四柱三楼的牌坊替代三座门的作用。牌坊上的瓦垅、吻兽、斗拱、椽飞、梁枋等亦不是木制，而均以青白石料精心雕琢而成，这项工艺要求精、雕刻难度大的工程，其花费远非木刻所能比拟。

石牌坊

其三，即是其隆恩殿和东西配殿的木架构件均为名贵的金丝楠木。金丝楠木产于南方闽、粤、江、浙、川、贵等处，历代帝王早对楠木建筑青睐有加，因为楠木不仅防蛀功能无比，而且时时发出清香，醉人肺腑。

由于多年采伐，到了明、清时楠木已是十分珍贵稀少，又兼运送极为艰险，故多数殿宇只是在一些重要部位用金丝楠木。例如雍正泰陵的隆恩殿，只有门窗、梁柱用金丝楠木，其他各处多以他木代替，就连殿内八根明柱因楠木不够粗壮而采用包镶的方法来加大粗度，其因皆是那时已无法采伐到像明十三陵大殿中那种粗实的楠木。正因如此，慕陵之前的清孝陵、景陵、泰陵、裕陵、昌陵，以及各皇后陵寝没有一处三殿木料纯用金丝楠木的。而慕陵就连柱子、梁枋等全是独根楠木，这不能不令人惊异。

还有一点应当提到的是慕陵隆恩殿雕刻之别致异常。慕陵隆恩殿为单檐歇山顶，外围以十数根木楹构成巡回走廊。特别是大殿内的天花板并非彩绘，全由楠木雕刻而成。遍考国内现存楠木建筑中以雕刻形式处理天花板的，除承德避暑山庄淡泊敬诚殿外，唯有慕陵的隆恩殿一处。

淡泊敬诚殿天花板为735块，每块图案为简约的五福捧寿浮雕。而慕陵隆恩殿的天花板约有900余块，全都是用金丝楠木采取高浮雕与透雕相结合的龙戏珠纹，凸出平面有60厘米，举首仰望，只见济济龙头聚会，张口鼓腮似喷云吐雾一般，加之楠木自身散发的清香之气，真让人有身处龙口喷香之绝异胜境之感。隆恩殿的门窗隔扇、梁柱樽枋均雕有各式云龙或盘龙，如群龙翻腾于大海之惊涛波澜中一样。据悉，仅隆恩殿就有楠木雕龙714个。

三殿共雕木龙2000余个，若以雕刻每条龙需上等精巧刻工雕半月来算，约需3万多个雕刻工时，耗白银3万两左右。据说雕成这样是因为当年宝华峪陵寝地宫浸水，道光皇帝没有采取补救措施，他认为地宫浸水系群龙钻穴，龙口喷水而致。为了避免再出现类似情况，道光帝遂命工匠在三大殿内外雕刻数以千计的木龙，特别是对天花板、雀替等高处更是精心雕制，意取龙在高处争天上之水，而不会再往地宫吐水罢了。仅此四处迥异于其他清帝陵，就可见道光帝要求“节俭”建陵的新特色了。

金丝楠木建筑

慕陵名称的由来

一般来说，按清朝的陵寝制度，皇帝陵的陵名都是要在墓主人死后，由嗣皇帝确定。可是道光皇帝的慕陵却是道光皇帝自己起的，这究竟是怎么回事呢?

相传道光皇帝拆废东陵宝华峪陵寝改建在西陵龙泉峪后，为避免再出现地宫浸水现象，不仅选了一块高爽之地，而且经常到陵地巡察。道光十五年(公元1835年)，龙泉峪陵地行将竣工，道光帝再次来到西陵。

在拜谒泰陵、昌陵后，他来到龙泉峪自己的“万年寝宫”，见此次陵地工程坚固稳齐，龙颜欣悦。随后，又将孝穆、孝慎两皇后移到龙泉峪大殿之内，以待陵寝全部竣工后奉安于地宫。其时，道光帝亲祭奠酒，不觉感慨万千，挥泪如雨，立于大殿月台上提笔凝视东北方向，一挥而就写下了“其慕与慕也”的谕旨。掷笔于案，道光帝唤过18岁的四皇子奕詝和皇六子奕䜣，命他二人恭读。读罢，命人将朱谕珍藏在隆恩殿的东暖阁内。

此事过后不到两年，道光帝撒手西归。遵诏即位的咸丰皇帝奕詝，重读道光帝的遗诏，特别是见到其中“其慕与慕也”一句，思想前番情景，遂猛然醒悟，原来皇父是在暗示将来要用“慕”字命陵名。

道光三十年(公元1850年)二月初九咸丰帝颁谕，正式命名龙泉峪陵寝为“慕陵”。幸亏咸丰帝没有忘记两年前藏在陵寝大殿内的那道朱谕。又幸亏咸丰皇帝聪明颖慧，及时悟出了道光帝的良苦用心。假若咸丰帝忘记了那道朱谕，或者虽然没有忘掉，但未悟出皇父的用意，或者虽然悟出来了，但陵名已经确定了，并已公之于世，那么道光帝默定陵名的妙计就成了泡影，九泉之下的道光帝也只得摇头叹气了。

道光帝为什么会选“慕”字来命陵名呢? 后世有人揣度说，道光写此谕旨时大清帝国正处政局疲废急转直下之态势，无论是国内起义军纷起，还是西方列强虎视神州，都让返政无术的道光皇帝无能为力。无论是遥想先祖努尔哈赤跃马驰骋，风靡宇内，创建清王朝的赫赫功勋；还是康雍乾鼎盛之际，国力强富，民泰政和，都是他道光皇帝所无法比拟的。就是其父亲嘉庆皇帝在位25年间，亦能恪尽守成之主的职责，延缓爱新觉罗氏江山的衰败。而道光皇帝此时已执掌龙庭15年，却使大清王朝千疮百孔，处于一种岌岌可危的境地。回想这一切，不能不使道光皇帝钦慕其祖辈的功德。

道光帝的这种酸涩的心绪，或许我们永远不会理解。

慈禧太后陵：比紫禁城还奢华的陵墓

她，以兰贵人的身份走进后宫，越过三千佳丽的竞争成为贵妃而受宠于咸丰皇帝；经历了无数风雨的洗礼，一路走上了“垂帘听政”的舞台，统治了中国近半个世纪。她，以残暴、奢靡、专横跋扈、玩弄权术而成为“女人乱政必亡国”的代言人，百年以来，被冠为“阴险狠毒、睚眦必报、狐狸其貌而虎狼其心的泼妇人”。面对这一切，她没有辩驳，也无法辩驳了。唯有她的陵园依然不肯低头，像是在抗议人们对她评价的不公，又像是在向我们诉说着她的那些故事……

西太后缘何葬在了东边？

同治五年（公元 1866 年），咸丰帝的定陵完工。按照清制，他的两位皇后慈安、慈禧的陵墓只可在定陵附近选址，并只能建一座皇后陵。但是由于西太后慈禧飞扬跋扈，一改再改陵制，于是最终决定太妃一人建一陵。同治十二年（公元 1873 年）三月初九清明节，18 岁的同治前往定陵，为咸丰帝行敷士礼和大飨礼后，来到附近的平顶山和菩陀山验看风水。15 日，将平顶山改名“普祥峪”，为慈安万年吉地；菩陀山改“菩陀峪”，为慈禧的万年吉地。双陵于当年 8 月同时动工，于光绪

定东陵

五年6月同时完工，耗时6年，耗银500多万两。

定东陵建成后，因为两陵的位置，引发了一些疑问。按照中国传统的“东为大，西为小”的成规，两宫太后陵寝位置应该是这样的——慈安是东太后，她应该葬在东边；慈禧是西太后，她应该葬在西边。可是当我们走进两宫太后的陵寝时，却发现东太后慈安葬在了西边，而西太后慈禧却葬在了东边，这到底是为什么呢？是不是慈禧太后霸占了忠厚老实的慈安的位置了呢？

在民间中流传着不少的说法。一种说法是本来东太后应该葬在东边，西太后葬在西边。可是西太后慈禧总认为东边的陵园风水好，陵园建得也豪华，遂由羡慕变为嫉妒，想占为己有。她巧布棋局，让慈安太后上了当，乖乖地把东边的陵园交给了慈禧。另一种说法是，慈禧为了谋夺东边的陵园，绞尽脑汁，费尽了心思，总是没有得逞，随后一狠心就施毒计害死了慈安，她利用自己一人垂帘听政、独掌朝纲的机会，硬是将慈安太后葬入了西边的陵园，把东边的陵园留给了自己。

是子虚乌有，还是确有其事？想揭开这个谜团，就得从东、西太后之名的由来说起了。东、西太后之称事实上与她们陵寝的方位毫无关系，而是根据她们生前居住的位置而定的。慈安居住在东六宫的钟粹宫，慈禧居住在西六宫的储秀宫、长春宫。一个在东，一个在西，为了称呼上的方便，于是就称慈安为东太后，称慈禧为西太后。如此看来，慈禧太后虽然飞扬跋扈、心狠手辣，但这个时候她在陵寝上还是基本按规矩办的，没有耍什么花招。

至于说西太后为什么葬在了东边，其实这是与我国古代兆葬制度密切相关的。古代人，在同一宗支的墓葬中，葬地位置与主位的远近，体现了亲疏尊卑的差别。凡较亲、较尊者，其葬位距主位越近，反之则较远。

根据史料记载，慈安是咸丰帝生前名副其实的中宫皇后，而慈禧则仅为一贵妃，比皇后低了两极。同治皇帝继位后，尊慈安为皇太后，那是名正言顺、天经地义的事。而慈禧同被尊为皇太后，是母以子贵的原因。

无论从地位上，还是资历、名望上，慈禧都要逊慈安一等。所以按照中国历代帝王陵寝的祖制，东太后慈安陵虽处定东陵的西边，但它紧挨位于西边的咸丰帝的定陵，而西太后慈禧陵虽然建在东边，但它与咸丰帝的定陵却要相对远一些。此外，慈安陵共用白银 260 万两，而慈禧陵只用了 227 万两。由此可见，西太后慈禧的陵址明显低于东太后慈安。

忌讳壁虎验贞操

慈禧定东陵

走进定东陵，两座太后陵并排出现在眼前，规模形制相差无几，可仔细看的话不难发现慈禧的东陵要比慈安的西陵奢华许多。为什么地位、名望不及慈安的慈禧太后，她的陵园却要豪华得多？难道是历史记载错了？其实，原来的慈安陵的规格的确要比慈禧陵高，只是慈安死后，慈禧下旨不惜工本重修了东陵。慈禧如此大费周折，为的究竟是哪般呢？

或许真是因为东陵规模稍逊

西陵一等，慈禧心有不甘，不然为何慈安太后一死，慈禧便急不可待地重修东陵了呢？是时，战争惨败之余，普天之下遭遇了百年罕见的水灾、旱灾、虫灾，数千万灾民无家可归、生死无着。但高高在上的慈禧依然不顾国家大量割地赔款、财政极端紧缺的现实，更不顾百姓流离失所、饿殍遍野之惨状，毅然颁旨于光绪二十一年（公元1895年）十一月二十四日正式重修菩陀峪定东陵。

凤龙戏珠

与其说是重修，倒不如说是重建。此次大修陵内建筑无一不修，慈禧更是诏命原三大殿全部拆除，原材料一律不许迁就使用，一切重新开始。此次大修工程浩大，到光绪二十五年（公元1899年）已拨款150万两，以后的款项更是个无底之谜。

可能是为了弥补没能在颐和园举行60岁大寿庆典的缺憾，也可能是为了到另一个世界之后继续享受奢靡的生活，当然也可能这仅仅是出于女人之间的嫉恨心理。这是多少年后也没有人能完全猜测出来的一种极其复杂的心理，但或许，我们能从重修过程中发生的一件事中隐约看出些端倪。

慈禧下旨召集天下能工巧匠重修东陵，第一件事就是换掉隆恩殿前的那块丹陛石。此时，丹陛石原本按照清朝祖制应该雕刻传统的龙在上、凤在下的“龙凤戏珠”石雕图案，也已遂了慈禧的心意换成了凤在上、龙在下“凤龙戏珠”的丹陛石浮雕。慈禧还有什么不满意的呢？是什么原因让慈禧对这块浮雕念念不忘，非要整块换掉丹陛石呢？是一时冲动，还是为了炫耀其至高无上的权力？恐怕原因没有那么简单。

细细比较史书上对两块丹陛石浮雕的描绘，原来的丹陛石在最下端的“海水江崖”图案中，还雕刻着一只小小的壁虎，从崖石缝内钻出来，前身微露，两只带有五个爪的前腿伸出，口内吐出一股如意云朵。这就是原因所在，这只在外人看来只不过是一点装饰或点缀，有和无都无碍大局的小小的壁虎，正是慈禧一直耿耿于怀、心里感到莫名恐惧的东西。

原来，在清代以前的皇宫内曾饲养着许多壁虎，其食物以喂砂为主，3年可养成七八斤重。养成的壁虎被逮杀后，放在阴瓦上烤干，而后磨成细粉，用此粉在皇后、妃嫔脸额处点一点，其色鲜艳而不退。更为奇妙的是，若宫中后妃有乱宫的男女之事，红点自然消失。故历代王朝又将壁虎命名为“守宫”，并在宫中屡有试验和应用。

清朝宫廷虽不再饲养壁虎，但对其“守宫”的声名却深信不疑，故在单独兴建的后妃陵寝的丹陛石上都暗刻一只壁虎，以为“镇物”。这种雕刻之法，作为清宫的一种祖制保留了下来。可见壁虎虽小，其暗含的寓意却甚大。至于慈禧面对这个“镇物”，是否感到了有辱她的尊严，是否因为害怕自己葬入地宫后，灵魂真的被镇住而不得自由，唯有换掉这块丹陛石，重新安设没有壁虎的石雕才能舒心，恐怕也只有她自己才能解释，而今后再也没有人能够说得清了。

慈禧陵自光绪二十一年（公元1895年）十一月二十四日兴工重建，历时14年，直到慈禧崩亡前不久，方始完竣。其整体工艺水平、豪华程度，为中国明、清两朝24代帝后陵寝之最，有很多地方甚至超过了代表着明、清至高权力的紫禁城。

当这座独一无二的辉煌陵寝竣工的消息，通过朝臣奏于慈禧时，躺在病榻上已然病入膏肓、行将归天的慈禧脸上露出了满意的神色。这次总算在形式上大大地超过了慈安，并让这位于自己生前死去的对手无可奈何了。

比紫禁城还奢华的陵墓

慈禧太后两度垂帘，把持清王朝朝政长达48年之久，她利用至高无上的权力不惜工本重修了她的陵园，通过此举我们不难想象慈禧墓中随葬的宝物也必然是多得惊人。慈禧陵随葬的宝藏究竟有多少，因为这在当时是宫闱秘事，讳莫如深，不用说寻常百姓，就是王公大臣也难以知晓。

随着清王朝的灭亡，宫中秘闻逐渐披露于世。根据慈禧太后的心腹太监李莲英同他的侄子合著的《爱月轩笔记》记载，我们可以知晓个大概：

“慈禧入棺前先在棺底铺一层金丝镶珠宝的锦褥，上镶有大小珍珠12604颗、红光宝石85颗、白玉203块；锦褥上又盖一条丝褥，上铺圆珠2400颗；上又盖一条串珠薄褥，上有珠1300颗。此一层共有一尺厚。

慈禧陵墓

“慈禧身穿金丝串珠彩绣袍褂，上有珍珠5920颗、宝石1135块；头戴珍珠镶成的凤冠，上面镶嵌外国进贡的一颗重达四两的宝珠，大如鸡卵，价值白银1000万两；口含夜明珠，此珠夜间百步之内可照见头发；头部上首放置一个翡翠荷叶，翠绿碧透，叶面上的筋络是天然长成，非人工雕琢，是艺人根据天然翡翠的形状，因势制成，可谓巧夺天工；脚下安放两朵碧玉大莲花；尸身置于荷叶莲花之间。

“她盖的衾被上有珍珠堆制成的大朵牡丹花；手镯是用钻石镶成的一大朵菊花和六朵小梅花连缀而成。身旁安放金、红宝石、玉窄雕佛像二十七尊；脚下左右两边各放翡翠西瓜一个、甜瓜两个、白菜两棵，宝石制成的桃、李、杏、枣二百多个。尸身左边放一枝玉制莲花，三节白玉石藕上，有天然的灰色泥污，节处生出绿荷叶，开出粉红色莲花；其旁还有一个黑玉石荸荠。尸身右边是一玉雕红珊瑚树，上绕青根绿叶红果的蟠桃一枝，树顶处停落一只翠鸟，构思奇巧，匠心独运。此外，还有玉石骏马八尊，玉石十八罗汉等宝物共七百多件。”

这些宝物值多少钱，恐怕一时半会儿估算不出来。值得一提的是，《爱月轩笔记》和可信度更高的清宫档案的相关记载竟毫无相似之处。这到底是怎么回事呢？应该说清宫档案自是毋庸置疑，而《爱月轩笔记》讲得头头是道、活灵活现，亦不由得我们不相信，莫非两者都只是记录了慈禧随葬宝藏的一部分？难道说墓葬随葬宝藏的背后还蕴藏着一个鲜为人知的更大的宝藏？光绪二十四年（公元 1898 年）的一件神秘事件，足以刺激我们好奇的神经，燃烧我们欲望的血液。

光绪二十四年闰三月初五，皇宫内务府的官员来到了东陵，在东陵守护大臣的陪同下，打开慈禧陵地宫木门，从金井中取出了一件东西，小心翼翼地放入一个极为精致的锦匣内，谨慎地封固，贴上印花，由绿营的两

慈禧棺椁

慈禧陵墓地宫

名千总率领10名兵丁专程护送，秘密带回了皇宫。沿途各地方官皆派出得力官兵分路段保护。

内务府官员从地宫里取走的是什么宝物？究竟是什么宝物值得如此兴师动众，要采取如此严密的保护措施？原来，被取走的是一件珍珠手串。这个手串有大珠18颗，不仅颗粒之大乃世所罕见，更难得的是颗颗大小一样，晶莹闪光。这件手串，工精料美，绝对可以说是价值连城的稀世珍宝，是慈禧太后最喜爱的珍宝之一。光绪十六年（公元1890年），慈禧命人将此手串放入了陵内金井之中。

既然放入了金井，为什么又要取回？金井在古代社会，那是神乎其神的圣地。墓主人在生前或入葬前往往会将一些珍宝放入井中，以求“息壤”，达到驱邪镇墓的作用。按说慈禧是极其迷信的，就不怕如此举动会无法驱邪吗？再说了，慈禧手中珍宝何止千万，为什么单单需要这件手串呢？她如此急不可待地要取回这件珍珠手串，到底有什么用途呢？这一切至今仍然是个谜。有人说慈禧除了随葬的大量珍宝外，手中还掌握着一批更大的宝藏，她将宝藏分成了 18 份，藏在了 18 个不同的地方，而这件手串的珍珠，就是打开那些宝藏的关键所在。或许这并不是简单的空穴来风，这件手串随后不知所终，极有可能仍躲在哪个角落里，耐心地等着有缘人的出现。

定东陵的奇辱大难

俗话说，不怕贼偷，就怕贼惦记。慈禧陵随葬了大半个国库的珍宝，她原想到了另一个世界里继续像生前那样过着花天酒地、骄奢淫逸的生活。但是价值整整 6000 多万两白银，怎能不让人眼红，怎能没有盗贼惦记着？这不，生前拥有至高无上权力的慈禧太后闭眼仅 20 年，一伙盗匪就把黑手伸向了定东陵。

这是 1928 年的夏天，国民革命军第六军团第十二军军长孙殿英率部驻扎蓟县马伸桥，这里与清东陵只有一山之隔。因为孙殿英的队伍粮饷被长期拖欠克扣，以至官兵半年没有发饷，军心浮动，常有开小差的事情发生，若再不拨粮款，甚至有哗变的危险。即使不缺钱，只要有机会，孙殿英也不会放过东陵宝藏，何况手头正缺钱，形势极为严峻，孙殿英愁断了肠子，近在咫尺的大宝库定东陵自然而然进入了他的视野。

清东陵陵区内那么多座墓，为什么孙殿英首先看中了慈禧太后的定东陵呢？这只能说都是那些珠宝惹的祸了。慈禧生前就以挥霍无度、敛财爱宝、贪图享受而著称，她重新修建的陵园奢华甚至超过了紫禁城，不难想象她的地下陵寝必然也是豪华万状；再加上慈禧太后安葬时间很近，下葬情况民间还有线索，进入地宫比其他陵墓容易。

一想到那些诱人的珍宝，孙殿英就感到全身热血沸腾，他一刻也坐不下去了。立马命令手下师长谭温江，以“剿匪”名义扫清了清东陵附近的其他军事力量。随即，孙殿英以搜索敌人、检查武器为名，名正言顺进入陵区。紧接着，他四处张贴十几张告示，宣布为保护东陵安全，要在陵区举行军事演习，将陵区完全封闭了起来。

费了很大的劲儿，他们终于找到了地宫的入口。或许是宝藏的吸引力实在太大了，他们不再愿意花更多的时间。于是硝烟弥漫中，坚不可摧的定东陵在炸药的千钧神力下敞开在这群匪兵的面前，统治中国半个世纪之久的慈禧太后的神秘陵寝大难临头了。

所有殉葬宝物很快被一抢而空，匪兵发疯般地刀劈斧砍，打开了慈禧的棺木，满棺的珍宝陪伴着这位面色如生的中国近代第一女强人。然而，此时的慈禧太后不过是一具任人蹂躏的僵尸罢了。她的尸骸被抛出棺外，扔在地宫的西北角，脸朝下趴在泥水中，一手反扭在身后。匪军很快便抢劫了棺中各种珍宝，甚至撬开慈禧的嘴，挖走了嘴中硕大的夜明珠。

孙殿英等人抢劫了棺内珍宝后扬长而去。当住在天津的末代皇帝溥仪听说东陵被盗，派遣清朝遗臣来重新安葬慈禧时，只见慈禧脸朝下伏在棺盖上，手反转搭在背上，长发散披，遍体长满寸长许的白毛，衣角处已被撕破。整个地宫内，除了残破的棺木和破烂衣衫外，空空如也。

孙殿英盗掘皇家陵墓遭到了社会各界的强烈谴责。事发后，溥仪等清皇室成员更是对孙殿英恨之入骨，纷纷要求国民政府严惩凶犯。惶恐中的孙殿英用盗来的珍宝四处打点，托人说情。通过四处活动，孙殿英没有受到应有的惩罚，继续担任军长。待盗陵风波逐渐平息后，余下的珍宝或被变卖，或被毁坏，或被走私海外，至今下落不明。

第二篇 诸侯墓

诸侯未偿的夙愿

曾侯乙墓：水下余生的地下宝殿

中山靖王刘胜陵墓：满城尽带金玉衣

大葆台汉墓：黄肠题凑造就的灵魂居所

马王堆汉墓：金玉包裹的永生神话

曹操高陵：一代奸雄的最后心机

曾侯乙墓：水下余生的地下宝殿

31年前，在随州城郊一个名为擂鼓墩的小山包上，发生了一件轰动全国、震惊世界的大事，一段鲜为人知的历史也从此昭然天下……一座古墓的惊现带来了许多难解的谜团。这座墓葬的主人是谁？地下的宫殿中保存了怎样的旷世奇珍？又是什么神秘的力量让这座古墓逃过场场浩劫，保存完好？这就是曾侯乙墓，谜一般的地下宫殿，雾一样的千年往事……

千年古墓惊现随州

1978年，对于地处长江流域和淮河流域交汇地带的湖北省随州市来说是不平凡的一年，对于中国考古界乃至世界来说也是振奋人心的一年。而这全部归于随县郊区擂鼓墩大型古墓的发现。

1978年2月，武汉空军后勤部的雷达修理所正在扩建厂房，在开山炸石、平整土地的过程中，他们在坚固的红砂岩中发现了一大片来历不明的褐色泥土，而这些线索起初险些被县文化馆的同志忽略。直至这片神秘的褐土层被炸碎和清除之后，一层人工铺设的石板出现了，这座古墓才得到有关部门的重视。

经过专业人员的勘查，得出了一个令人振奋的消息，这片“褐土”是个面积达220平方米、比长沙马王堆汉墓大六倍的“超级古墓”！

曾侯乙墓

振奋之余，人们不禁思考，这里为什么会出现规模如此宏大的古墓？古墓的主人会是何方神圣？武汉市西北155公里的随州应该是楚国故地，这次惊现的古墓会是楚国墓葬吗？

然而查遍资料，我们唯一能够了解的就是一个古老的传说：2000多年前，有一个叫“随”的古王国曾在这里建都，随州的名称就源于此。除此之外，这个古国的历史及文化，何时产生又何故灭亡就统统不得而知了。

就在人们还在为这个问题所困扰的时候，工地上传来了一个令人不安的消息：在墓葬南北两坑相交偏西处发现了一个人为挖开的洞，此墓显然曾遭盗掘。

这个盗洞的出现大大打击了人们的积极性，大家纷纷猜测可能墓中的宝贝已经被盗掘一空，一时间质疑声四起。然而专家很快给出了新的意见：尽管有盗洞，但规模小，属于早期的一种民间小型盗窃（事后，从盗贼留在洞口的物品分析，盗墓时间约在墓主下葬后300年左右的战国至秦汉这段时间），不可能把文物全部盗走。

就这样，工作人员怀着忐忑的心情继续发掘。经历了大约两个月的发掘，巨大的椁盖板终于展露出来。激动人心的时刻终于到来了，这座古墓到底保存如何，是否曾经遭到盗扰，这一切的谜题就将在这一刻见分晓。

然而，揭开椁盖板，人们不禁被眼前的一切惊呆了。

所有的文物都浸泡在3米深的浑水里，一些棺木横七竖八地浮在水面上。浸在水中的千年古墓，这对于考古工作者来说真是一块烫手的山芋。由于墓室在早年渗入了大量雨水，使人们无法知晓水下的情况，谁也不敢贸然行动。

守得云开见月明

鸳鸯形漆盒

面对眼前近3米的积水，不少人也表示出极大的失望，因为这样一座进水的古墓意味着不可能出土像马王堆那样的丝绸，像江陵凤凰山那样的古尸了。但是，直觉告诉大家，不能就此放弃，这座古墓中一定还保留着许多惊人的秘密。于是，艰难的排水工作又紧张地展开了。

古墓的排水工作进行得十分谨慎。因为谁也不知道墓葬中随葬品的保存情况到底如何，一旦墓中有漆器或者木器，倘若离开水浸泡的潮湿环境就会迅速干裂，造成惨重的损失。

随着椁室的水位慢慢下降，水里的奇珍异宝逐渐露头。人们的情绪也随着它们的露面不断升温。突然，一只“无头小鸭”浮出水面——这就是后来被制作为邮票的“鸳鸯形漆盒”。它的出现简直就是一剂兴奋剂——文物没被盗光，水里还有“宝贝”。

不久，深埋地下的木椁构筑露了出来，展现在人们面前的是一个豪华寝宫，分东、中、西、北四室，其平面外形与墓坑相同。经过测量，墓坑东西长21米，南北宽16.58米，总面积220平方米，就椁室而言，它比出土西汉女尸的马王堆一号墓大6倍，比出土西汉男尸的江陵凤凰山168号墓大14倍，比出土越王勾践剑的望山一号楚墓大8倍，这样庞大的一座墓葬，它里面到底埋藏着怎样的珍贵文物呢？

随着发掘的继续进行，在西室发现了13具陪葬的女尸。而在墓葬的东室，8具木棺陈列其中。队员们发现，有6具是东西向平行置于主棺之东；有两具南北向呈“一”字形列于主棺之西。棺木内各有1具人骨架。后来送往医学解剖与鉴定，8名死者均为女性，年龄在19～26岁之间，身高在154.25～160.53厘米之间。显而易见，她们是作为墓主人生前的妃妾或近侍宫女，为墓主人殉葬而被埋入坟墓的。

这样算来，西室的13具陪葬女尸加上东室的8具，陪葬人殉的数目一共是21具。其实这个数字并不平常。而至于这个神秘“21”的不凡之处，就要从古人的习俗谈起。古人认为7是一个轮回，而每个人只要轮回3次便可以成为上天的主宰，墓主当然早就知道这个虚幻的“规律”，于是认真挑选了21位如花似玉的年轻妃子和歌伎陪葬，这些活生生的人就这样被埋入黄土中，去陪伴归西的君王。

神秘的朱漆彩绘大棺

考古发掘还在继续。人们发现，这座墓葬与以前发掘的古墓不同，整个墓穴呈现出不规则的多边形，这在以对称为美的中国古代墓葬中并不多见。更让人不可思议的是，13米深的墓穴直上直下，找不到任何阶梯的痕迹。而存放墓主的棺椁也就直接存放在墓道直通的椁室之中。

椁室中是一个体形庞大，铜木结构的彩绘漆棺。在过去的古墓发掘中

彩绘大棺

从未见过，确属一件难得的艺术珍品。根据测量，人们发现主棺的规模令人吃惊，它有3.2米长，2.1米宽，2.19米高，分两层，在外棺里还放着内棺。而工程师则估计主棺可能重4吨左右。更令人称奇的是外棺一侧的下方，还开有一个门洞。有人猜测，这也许是为了让主人的灵魂能够自由出入而设。和外棺相比，内棺显得无比精美，内外涂满了朱红的漆，两侧各画有一个窗户。在棺椁的周围，布满了繁复而神秘的装饰画。

椁盖顶部的图案由136条龙组成，共4行，每行17组，每组两条龙，首尾相接。棺的两侧的主体图案都相同，即以对开的格子门为中心，绘一些神兽武士持双戈守卫，描绘得十分森严可惧。左边有6个神兽，分上下两排，均右手持双戈戟。最左边上下两个神兽形象一样：人首，人面，头顶上有一对尖角，两耳肥硕，躯体着鳞甲，除上肢和下肢外，还伸出三对羽翼状的东西，胯下有一条大长尾；从躯体看，似龟非龟，似兽非兽。

这些奇禽怪兽到底是用于辟邪还是预示祥瑞呢？抑或这些动物曾经是曾侯乙一族的图腾？我们又该如何解读这些神秘符号和图案背后所蕴藏的信息呢？

有人认为这是古代传说中驱邪避鬼的“土伯”。何为“土伯”？汉代屈赋大师王逸说，“土伯，后土之侯伯也”“言地土伯，执卫门户”。也就是说土伯乃阴间之门卫。屈原在《楚辞·招魂》里有一节诗云：“魂兮归来！君无下此幽都些。土伯九约，其角觺觺些。”并描述土伯“其身若牛”“参目虎首”。而这些信息都与曾侯乙墓棺椁上的神秘形象基本吻合。

鹿角立鹤

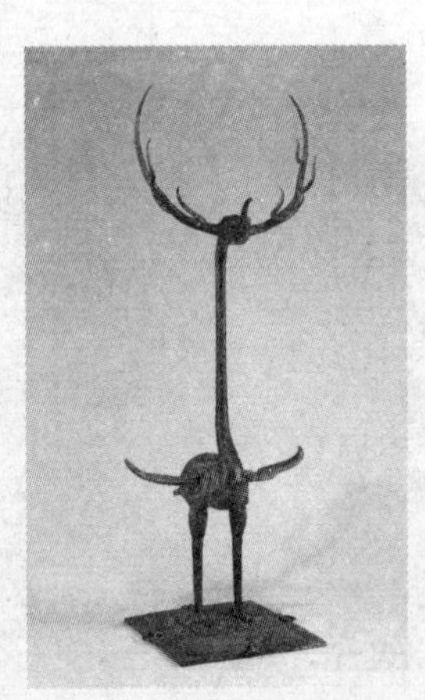

棺材出土时，旁边还站着这样一个青铜动物，它长着鹿一样美丽的角，却有鹤的长颈和翅膀。在古代中国，鹤和鹿都是吉祥的动物，神仙经常乘坐仙鹤飞翔。也许，这个鹿角立鹤就是准备驮着主人升天的神鸟。

远古悠扬的编钟

就在人们还没来得及为这个惊人的发现欣喜的时候，墓中的积水抽干了，一个更大的世间奇迹出现在了眼前。

这是一组罕见的编钟：65个青铜的编钟整齐地挂在木头的钟架上，仿佛刚刚被埋入地下。而当考古人员轻轻敲打编钟时，竟传出了清脆如新的美妙音符，仿佛这组巨大的编钟就在昨日刚刚铸造而成，而非经历了千年的沧桑。

仔细观察，编钟分三层，每层的钟形态各不相同。最上面一层的叫钮钟，中间及下一层的叫甬钟。编钟的大小差异很大，使得它音域宽广，可以奏出完整的一组音律。此外，更为神奇的是，一般的物体只能发出一个乐音，但是这组编钟的每件单钟都能发出两个乐音，并且互不干扰。而整套编钟的总重量更是达到5吨左右。此外，编钟上还刻有3000多个隽永的中国古文字，包括对编钟的编号、记事、标音以及乐律，称得上是古老的音乐教科书。

曾侯乙编钟

编钟钟架为铜木结构，呈曲尺形，横梁木质，绘饰以漆，横梁两端有雕饰龙纹的青铜套。中下层横梁各有三个佩剑铜人，以头、手托顶梁架，造型独特，制作精良，引人注目。铜人身着长袍，腰束金带，神情肃穆，是青铜人像中难得的佳作。

春秋时代的编钟向来以气势恢宏闻名于世，而曾侯乙墓出土的这一组更可以说是集大成之作。由于后世仰慕，所以也多有仿造。而崇古尚古的宋徽宗，就曾仿照当时出土的六件春秋时期的编钟铸造了一组，称“大晟”编钟。钟为椭圆形，扁体双夔钮，饰多层盘虺纹，但其形制呆板，纹饰模糊，是典型的宋仿铜器，与曾侯乙的这组编钟不可同日而语。2000 多年来，这座编钟一直稳稳地站立在原地，见证日转星移，成就了世界考古史上绝无仅有的一幕，也是擂鼓墩古墓出土的最瑰丽的珍宝。

面对如此精美绝伦的曾侯乙编钟和众多精美的随藏品，人们在欣喜若狂的同时，也产生了一丝疑惑，发掘时明明发现了盗洞，可为什么墓葬中的器物绝大多数能够完好无损呢?

原来，古墓墓区岩石和底下1～9米处都含有水，这些积水由于受多种因素的影响长期呈酸性，对人的身体是致命的。因此，我们可以推测盗墓时的情景：古墓墓坑中积水很深，而且积水有很强的酸腐蚀性，当盗墓贼凿开椁木后发现墓坑积水，哪敢拿自己的生命做赌注，只得悻悻离去。2400多年前的墓主恐怕也没有想到这种自然物质居然能让他躲过盗墓贼的劫掠，从而避免了自己被抛尸荒野的命运，更重要的是墓中宝藏也免遭被盗的厄运。

神秘的曾侯乙

解决了盗墓的疑惑，接下来最棘手的问题就是墓主身份的确定了。为了解决这个疑问，专家们开始仔细研究出土随葬品的情况，希望能通过铭文得到解开墓主身份之谜的钥匙。

功夫不负有心人，主棺旁的一件短柄铜戈引起了专家的关注。在铜戈上依稀可见一行铭文:“曾侯乙寝戈”。古人视棺如寝，此戈显然是墓主人近卫武士所持。随后，在之前出土的编钟上的铭文也指出，这套编钟是属于“曾侯乙”的。

据统计，在擂鼓墩一号墓出土的 125 件青铜礼器、杂器中，109 件上共计 117 处出现了“曾侯乙”的铭文，几乎全是“曾侯乙作持用终”七字，个别为“曾侯乙作持”五字。

在众多例证之下，墓主人确定为曾侯乙似乎已经问题不大。可是传说之中这里明明是随国的领地，而且《春秋》《左传》《国语》等文献中也出现过对随国的记载，这里怎么又会出现曾国国王的墓葬呢？

关于这个问题，有人提出，唯一的解释就是曾国即为随国，而史书上的“随”实为“曾”之误。首先，通过文献记载，两国国君姓氏相同，其次，两国统治疆域相合。从已发现的12批曾国有铭铜器看，曾国的势力范围大致以今随州市为轴心向四周延伸，西起袭阳，东过随城，北到新野，南达京山。与此同时，据记随事较多的《左传·桓公八年》涉及的“沈鹿”“汉、淮之间”“速杞”等地名来看，其境域当包括今汉水以东，桐柏山以南，广水以西，钟祥、京山以北地区。这是一个惊人的巧合。

最后，曾、随存在的年代相当。从已知的文献和考古材料中，人们发现曾、随都是从东周初到战国时期活跃于同一个地方的国家。吻合的地方如此之多，除了得出曾、随是一个国家的结论外，其他的解释似乎都是多余的，历史长河中的事物就是这样扑朔迷离。

九鼎八簋

弄清了随国和曾国的关系之后，人们最关心的莫过于曾侯乙生前到底是怎样一位国君？为什么人们对历史上的曾侯乙和曾国知之甚少？这一连串疑问的答案都隐藏在浩如烟海的历史文献和扑朔迷离的地宫之中，我们只有层层剥茧才能窥探其中的玄机……

根据尸体的骸骨，可以知道墓主人的身高大约 1.63 米，年龄在 42 岁左右，由于头骨保存比较完好，人们复原了墓主人的头部雕像。这是一个相貌平平、身材矮小的男人，可是他的墓穴如此豪华，说明他曾经拥有至高的权势和无穷的财富，他的人生一定有着非凡的经历。

另外，根据文献考证和碳 14 测定，可以推定曾侯乙的死亡年代在公元前 433 年到公元前 400 年之间。那正逢从公元前五世纪到公元前三世纪，即战火纷飞的战国时代。那么，在这样一个乱世出英雄的特殊时代，曾侯乙究竟扮演着什么样的角色呢？

据统计，曾侯乙一共给我们留下了 125 件古代乐器和百余件青铜器。在众多庄重的礼器中，有一套被称为“九鼎八簋”。它们是祭祀祖先的祭器，规格很高，只有贵族才能使用。仅凭着这一点，我们就可以确信，曾国曾经拥有相当强的实力。而在随葬品当中，还有大量楚国的王、太子和大臣馈赠的礼物，在出土的编钟中，就有一个是楚王赠送的。这些证据说明，曾国和楚国有着十分密切的关系。

根据这些历史的碎片和文献的记载，我们尝试这样描述这位传奇的曾侯乙：曾侯乙生活在春秋末年和战国初年。这是一个弱肉强食的时代，曾国也是在这样一个大动荡的时代中逐步走向消亡的，而曾侯乙就是这个时代具有戏剧性的一个国君。

他出生于越王勾践卧薪尝胆吞灭吴国后的第 20 个年头（公元前 456 年）。曾侯乙的父亲是一个懦弱无能的君主，他一味地依赖楚国的庇护，随着楚国西进计划的实施，曾国成了楚国第一个要吞并的小国。曾侯乙承继王位的时候，遇到了前所未有的外患，他试图励精图治，但由于国力太弱，在经过几年的抗争之后，最终屈服。

公元前 420 年，曾侯乙向楚国称臣，曾国成为楚国的附庸。在后来的十几年时间中，曾侯乙纵情声色，强纳民间少女充实后宫，并听信谗言，放逐伯勤等忠臣，国力日趋衰落。曾侯乙想让曾国万世永存，于是每月派人送曾国的一个美女给楚王，还四处给楚国的重臣送礼，这在无形中削弱了曾国的地位和实力，以至曾侯乙死了（公元前 400 年）不到 3 年，楚国便借口曾国不朝贡，出兵灭掉了曾国。

我们不禁感叹，在历史的洪流中，多少曾经繁盛一时的文明和呼风唤雨的君王都变成了“逝者如斯夫”的转瞬。千百年后留下的只有不解的谜团和后人扼腕的感叹。正如这座曾侯乙墓一般，我们既不知道它从何处而来，也不知道它将会把我们引向何处。曾侯乙和他的陵墓对我们来说还是一个尚未破解的谜题，或许多年以后，我们的孜孜以求将揭开这段尘封已久的历史……

中山靖王刘胜陵墓：满城尽带金玉衣

河北省保定市满城区自春秋战国一直到两汉时期，一直都是中山国的核心地区。但是随着中山国的幻灭，满城也成了被人们遗忘的角落，鲜为人知。直至1968年5月的一天，随着满城汉墓的惊现，世人又重新把目光投向这里。高规格的金缕玉衣、数量巨大的酒器、削发如泥的宝剑……墓主人生前到底有着怎样显赫的身份，以至死后能拥有如此奢华的陵墓呢？传说中的金缕玉衣又是否真的能够为主人带来不朽之躯呢？这座破土而出的满城汉墓将为我们揭开历史的谜题……

满城汉墓的神秘主人

打开历史的记忆，在几千年前的燕赵大地上，曾经存在着一个辉煌一时的国家——中山国。中山国故地位于今河北省中南部，是汉代北方著名的郡国之一。公元前202年，汉高祖刘邦称帝，定都长安，史称西汉。刘邦称帝初年，存亡定危的开国功臣多封为王，所谓“据汉受命，谱十八王，月而列之，天下一统，乃以年数”，与此同时，许多宗室也被纷纷分封为王。西汉中山国就是刘姓王室分封的诸侯国，乃沿袭战国时期的中山国而来：公元前296年，中山国被赵所灭，其疆土归属赵国。

公元前222年秦灭赵，原中山国地属代郡。西汉初，高祖于此置中山郡。公元前154年，汉景帝刘启立皇子胜为中山王，改郡为国，以屏蔽北方。

但随着中山国的灭亡，曾经繁华一时的国都——中山（今河北省满城县一带）也逐渐淡出了风云变幻的历史舞台，鲜有问津。直至1968年5月解放军某部在河北省满城县西南1.5公里处的陵山执行一项国家工程项目建设的任务，才把我们的目光重新带回了千年前的中山故地。在这项建设任务的初期，一切都按部就班进行着，但进程过半时却陆续挖出了铜器，而大多铜器上都刻有“中山内府”字样的铭文。伴随着大量青铜器的出土，人们不禁猜测，在黄土深深掩埋之下，到底藏了一个怎样的秘密呢？

随即，考古部门展开了调查，结果让人激动不已——这是一座年代久远的古墓，而且从出土的青铜器分析，主人的身份非同一般。根据青铜器上“中山内府”的铭文可以得知，这座墓葬隶属中山国时代。可是，历史上存在过春秋战国和西汉两个时期的中山国，这个“中山内府”指的又是哪一个呢？然后根据铭文的体例风格，

中山靖王墓

专家很快判断出这座陵墓应该是属于一位来自西汉中山国的身份显赫的人物。

这座陵墓被命名为“满城汉墓 1 号墓”，它的形制也尤为特殊——-凿山为洞营建墓葬，即“崖墓”。而这种形式的墓葬在汉代十分少见，汉代的 11 个皇帝中，只有汉文帝的霸陵采取了这种墓葬形式。这使人们更加好奇，这座奇特墓葬的主人会是谁呢？

墓葬中的一件青铜酒器向我们透露了主人的身份。这是一件铜钫，上面刻着“中山内府铜钫一，三十四年”这样的铭文。“三十四年”被认为是这位诸侯王在位的年数。而在西汉总共10位中山诸侯王中，除了第一位诸侯王刘胜在位42年之久以外，其他诸侯王在位均不到 30 年。由此推断，这座神秘墓葬的真正主人就应该是中山国的第一代王——刘胜。

据《史记》《汉书》记载，刘胜是汉景帝刘启第九个儿子，景帝三年（公元前154年），12岁的刘胜被立为中山靖王，在位42年，死于武帝元鼎四年（公元前113年）。对于刘胜其人，史籍多有评品，大都说他“乐酒好内”。班固写道“胜为人乐酒好内，有子百二十余人”，并且常与赵王彭祖相非曰“兄为王，专代吏治事。王者当日听音乐，御声色”，赵王亦曰“中山王但奢淫，不佐天子拊循百姓，何以称为藩臣”。

汉代的墓葬讲究“事死如生”，会根据死者生前的癖好来营建他死后的陵墓，以满足逝者的阴间生活。根据这个原则，人们不禁推断，这座满城汉墓之中也必定是有享用不尽的琼浆玉液，说不定还会有美妾成群。这样一位“乐酒好内”沉醉于声色犬马的诸侯王，他的陵墓之中又会有着怎样的奢华呢？

初探满城汉墓

刘胜墓墓洞全长 51.7 米，最宽处 37.5 米，最高处 6.8 米，墓室顶部呈拱形，室壁呈弧形，墓室布局完全模仿地上的宫殿建筑。从整个墓室的结构看，这座墓是经过精心设计的，工程艰巨，规模宏大，墓洞凿成后，又在不同的洞室分别修建木构瓦房或石板房，形成一座豪华的地下宫殿，充分体现了“事死如生”的观念。

墓道两端，开凿有南北耳室。南耳室是车马房，里面还修建有木结构的瓦房（已塌毁），放有马车 6 架、拉车马 17 匹、狗 11 只、鹿 1 只，马车都是刘胜生前使用的，有平时出行乘坐的“驷马安车”和狩猎时驾驭的猎车，车器精美，装饰华丽，足见其生前的豪奢；北耳室为库房，是储存粮食和饮料的地方，放置有不同类型的陶器达500多件，有盛酒的缸，存放粮食和鱼、肉的壶、罐、瓮，还有鼎、釜、甑、杯、盘等炊具和饮食用具。

墓道中的陶器

中室近似方形，是一个宽大的厅堂，洞内原为木构建筑，屋顶盖板瓦和筒瓦，规模宏大，富丽堂皇。但是由于年代久远，木料已朽毁无存，厅堂里摆满了铜器、铁器、陶器、玉石、漆器、金银器，以及帷帐、俑、五铢钱等，还有象征侍从奴仆的陶俑和石俑，以及出行时使用的仪仗，等等。

后室是内室，建造十分讲究，是在岩洞内用大小不同的石板筑成的，分石门、门道、主室和侧室，周壁涂满了红漆，北部有一个用汉白玉石铺成的棺床，放置棺椁，室内还放置了许多铜、铁、玉石、漆器以及俑和钱币等贵重器物，主室是刘胜生前卧室的象征，侧室则是浴室的象征。

而也正如我们之前所料，刘胜好酒的习惯也确实在他的陵墓之中得到了切实的体现：从满城汉墓出土文物看，随葬品中有33个装满酒的方形大陶缸，缸体上还写着酒的名称、种类和重量，如“黍上尊酒十五石”“甘醪十五石”“稻酒十一石”等。上尊、中尊、下尊是汉代酒的分级，稻酒、甘醪、黍上尊都是上等好酒。这些酒缸大小相当，盛酒总重量约折合今天的5000千克，出土时缸内还有黏稠的液状物。这些应该是经过千年的挥发，残留的美酒。

靖王墓后室

刘胜的随葬品中还

有许多盛酒器和饮酒器，造型优美，装饰华丽，有的器物上刻有铭文，记载着酒器的名称、重量、容量和来源。如盛酒器乳丁纹壶，色彩缤纷，绮丽异常；蟠龙纹壶通体有镏金银纹饰，腹部有四条独首双身金龙盘绕，龙身缀卷云纹，呈云间飞舞状；鸟篆文壶周身用纤细的金银丝错出鸟篆文的宴饮助兴吉祥语；铜链子壶设计别致，形似橄榄，既可手提，又可背在身上，携带外出十分方便。另外墓中还随葬了汉初难得一见的琉璃耳杯及铜套钵、勺等。由此可见，这刘胜生前不仅乐于饮酒，还极为奢侈。

蟠龙纹壶

然而，虽然我们在刘胜的墓葬之中发现了大量珍贵的文物，但人们心中始终对于刘胜墓还有一个更大的期待——金缕玉衣的出现。因为以刘胜的地位身份，在西汉是可以在死后身着金缕玉衣入葬的。那么棺椁之中到底会不会出现人们期盼已久的金缕玉衣呢？

鸟篆文壶

永生的居所——金缕玉衣

我国自远古时期就视玉为神物，并把玉与丧葬习俗相联系。早在旧石器时代就有了玉殓葬、殓尸玉。而关于玉衣的起源，最早则可追溯到东周时的“缀玉而幕”和“缀玉衣服”。在洛阳中州发掘的春秋战国墓葬中，就曾发现过尸体面部有带孔的玉片，按五官的位置排列，而尸体上也放置有玉片，这可能是玉衣的前身。而关于玉衣的记载见诸文献还是要到了汉代。

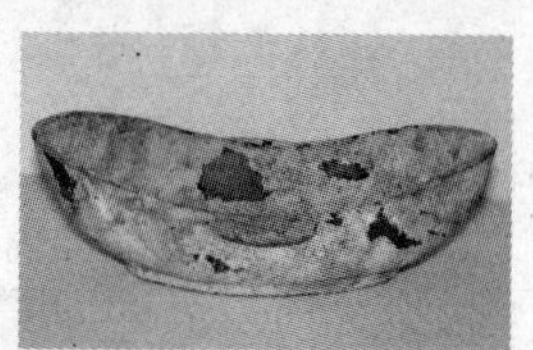

琉璃耳杯

《西京杂记》中记载“汉帝送死，皆珠襦玉匣，匣形如铠甲，连以金缕”。《汉书·霍光传》曰：“光薨，赐金钱，缯絮绣被百领，衣五十箧，璧珠玑玉衣。”这是因为，汉人迷信方士，认为人活着可以食玉轻身以飞天成仙，死后置身于玉衣之中可以尸骨不朽，获得永生，于是这种玉衣也就在西汉文景时期应运而生了。

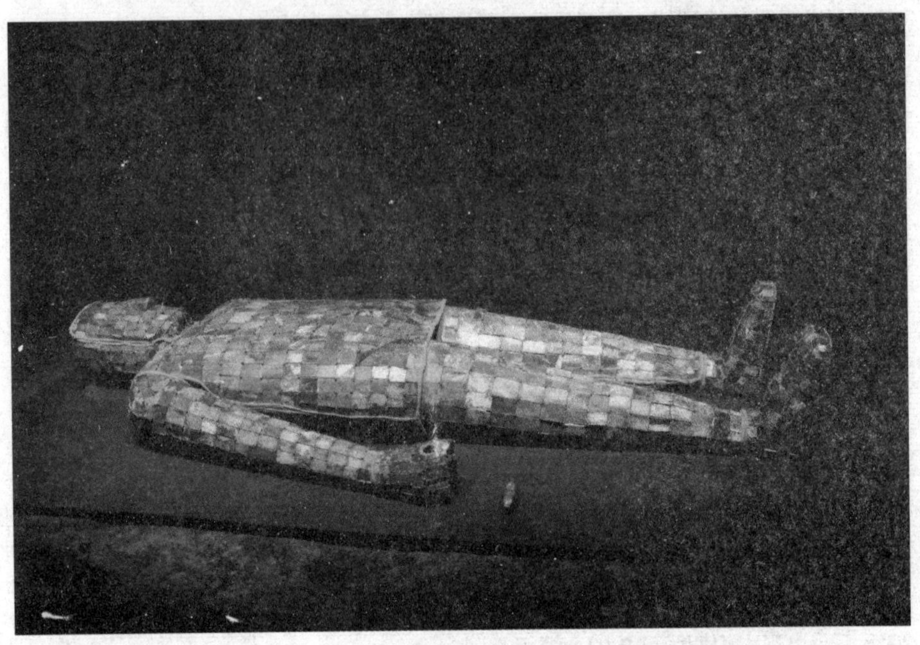

金缕玉衣

据《西京杂记》记载，汉代帝王下葬都用珠襦玉匣，形如铠甲，用金丝连接。由于金缕玉衣象征着帝王贵族的身份，有非常严格的制作工艺要求，汉代的统治者还设立了专门从事玉衣制作的东园。

玉衣的制作是一个非常复杂的过程，这里的工匠对大量的玉片进行选料、钻孔、抛光等十多道工序的加工，并把玉片按照人体不同的部分设计成不同的大小和形状，再用金线相连。其中每一玉片的大小和形状都必须经过精心的设计和细致的加工。据测定，玉片上有些锯缝仅 0.3 毫米，钻孔直径仅 1 毫米，工艺繁难与精密程度之高令人惊讶。制作一件中等型号的玉衣所需的费用几乎相当于当时一百户中等人家的家产总和，花掉一个熟练的玉器工人将近 10 年的光阴。

然而用金缕玉衣做葬服不仅没有实现王侯贵族们保持尸骨不坏的心愿，反而招来盗墓毁尸的厄运，许多汉王帝陵往往因此而多次被盗。到三国时期，魏文帝曹丕鉴于“汉氏诸陵，无不发掘，至乃烧取玉匣金缕，骸骨并尽，是焚如之刑”，下令禁止使用玉衣，从此玉衣在中国历史上消失了。

但是这些都是文献中对金缕玉衣的记载，并没有任何人有幸亲眼见过实物。而满城汉墓的刘胜贵为诸侯王，这是当时汉代考古发现中身份最高的一位墓主人，那么这里会不会出现人们期待已久的金缕玉衣呢？

就在棺椁内的朽木灰和金属饰件即将被清理殆尽的时候，一个金丝连缀玉片的铠甲状的东西震惊了发掘现场的每一位人员，难道这就是传说中的金缕玉衣吗？经过专家们的讨论分析，断定这就是迄今为止保存最完整的一件金缕玉衣。

从外观上看，这件玉衣的形状和人体几乎一模一样。金缕玉衣头部由脸盖和脸罩组成，脸盖上刻制出眼、鼻和嘴的形象。组成脸盖的玉片绝大部分是长方形的小玉片，双眼和嘴是在较大的玉片上刻出，鼻子是用五块长条瓦状玉片合拢而成，惟妙惟肖。在玉衣的头部，有眼盖、鼻塞、耳塞和口含，下腹部有罩生殖器用的小盒和肛门塞，这些都是用玉制成的。另外，颈下有玛瑙珠 48 颗，腰部出玉带钩。整套玉衣形体肥大，披金挂玉，全长 1.88 米，共用玉片 2498 片，金丝约 1100 克。

偶然间，工作人员还在散落的玉片背面发现了墨汁书写的编号，这个现象从未见诸记载，这又是怎么一回事呢？原来，在制作金缕玉衣时，先以木人为模型量体，根据人的不同部位，制作大小形状不一的玉片，然后再在玉片的背后编号。制作玉衣的时候，只要按照编号依次组合缝制就可以了。而我们现在看见的玉片背后的墨迹正是制作之初留下的编码。

这凝结了无限财富与智慧的金缕玉衣，震惊了在场的每一位工作人员。但是，随后的发现又给人们摆出了另一道谜题。本来保护主人尸骨不朽的金缕玉衣之内竟然没有刘胜的尸体，那么刘胜的尸体究竟被埋藏在何处了呢？

墓主人魂归何处

经过考古学家的分析研究，人们认为这里可能仅仅是吸引盗墓贼的假冢，而在满城 1 号汉墓的附近很可能还存在一个陵墓，或许那里才是刘胜真正的长眠之地。

果然，在 1 号墓的北面，人们发现了第二座陵墓，这就是后来的满城汉墓 2 号墓。难道这里就是我们苦苦追寻的刘胜真正的魂归之所吗？

然而，随着发掘的进一步展开，人们发现，这里的墓室结构和 1 号墓有着惊人的相似，必定有着神秘的关联，但是出土的器物却有大量的女性用品。种种迹象表明，

窦绾墓

这里埋葬的应该是一位女性。考古学家断定，这应该就是刘胜之妻窦绾之墓。随着对2号墓的一步步深入发掘，人们惊异地发现，作为刘胜的妻子，窦绾的陵墓竟然营造得比1号墓还要宏伟壮观，这在封建社会也是不多见的。这主要是由窦氏家族外戚在西汉前期的显赫地位而决定的。

在2号墓葬之中更是出土了一盏巧夺天工的铜灯。这盏铜灯是一件罕见的古代艺术珍品，高48厘米，通体镀金。灯的设计精巧，灯身为一跪坐执灯的宫女，左手执灯盘，右臂袖口下垂成灯罩，灯盘短柄手转动，盘上有灯罩可以开合，可根据需要调节亮度及照射方向。灯光的烟可通过宫女的右臂进入体内，附着于体腔而保持室内洁净。尤其重要的是灯座底部刻有“长信尚浴……今内者卧”的铭文。

而这盏精美的铜灯也因此句铭文而得名“长信宫灯”。“长信”指的就是长信宫，而汉文帝时长信宫的主人正是历史上赫赫有名的窦太后，即中山王刘胜的母亲。据考证，此灯原为西汉阳信侯刘揭所有。刘揭在文帝时受封，景帝时被削爵，家产及此灯被朝廷没收，归皇太后居所长信宫使用。后来皇太后窦氏又将此物赐予本族裔亲窦绾，此后便随她葬入墓内。

与此同时，2号墓中也出土了一件玉衣，相比1号墓的金缕玉衣略显窄小，而且也非金线串联而成，而是用丝织物编结而成。在清理这件玉衣的过程中，人们发现了主人的脊椎骨、四条肋骨以及三颗牙齿。由此看来，窦绾确实是身着玉衣入葬的。这使人们更加好奇，为什么刘胜的金缕玉衣之中没有他的尸骨呢？难道他没有身着玉衣入葬吗？他死后到底魂归何处呢？

于是，人们又开始重新打开刘胜的金缕玉衣，进行研究分析。这回，我们在玉衣之中发现了一些枣泥灰样的东西。这些粉末到底是什么呢？经过研究专家推断，这些粉末很可能就是刘胜尸骨所化，也就是说，刘胜的尸骨就在玉衣里面，只不过早已腐烂成灰。原来，由于刘胜墓的随葬品丰富异常，大量的动物残骸和陪葬用酒增加了墓中的有机物含量，导致尸体容易腐烂。而洞中潮湿的环境也加速了这一过程。所以千年之后，刘胜的玉衣并没有如他所期待般，为他带来永生和不朽，而他的遗体也仅剩一捧骨灰……

长信宫灯

满城 1、2 号墓葬给我们揭示了主人“事死如生”的身后世界，让我们见识到了传说中的金缕玉衣，然而在陵山之上，除了 1、2 号墓葬之外，还裸露着将近 18 处封土堆，很有可能是刘胜妻妾子孙的附葬墓。而专家们也根据地形纷纷推测，在附近的山崖石洞之中很可能还隐藏着一座规模较大的汉代崖墓，也就是说，在不久的将来，我们也许还会看到满城 3 号墓为我们带来的重重惊喜……

大葆台汉墓：黄肠题凑造就的灵魂居所

1974年，当时的北京东方红石油化工厂位于北京西南郊丰台区葆台村的两个高大的土坡子，因为这两块地方适合深层埋藏储蓄油罐。于是，石化厂请来了北京市地质勘测处人员进行勘测。然而，在钻探勘测的过程中，地质人员发现了一个奇怪的现象：土坡深处的土层里，居然埋有木炭、白膏泥和很多古代钱币。这究竟是怎么回事呢？土层深处究竟藏着什么东西呢？

神秘的“木条”墓葬

就像许多震惊中外的考古发现一样，大葆台汉墓也是被一次偶然的施工重新带回我们的视野之中的。当时在1974年工程现场发现了白膏泥和木炭后，北京市地质勘测处就给当时的北京市文物管理处考古组打了个电话，这是地质勘测队出于文物保护的一种习惯性做法。没想到，就是这个电话，揭开了一个深藏在历史深处的巨大秘密……

当时的北京市文物管理处的同志在接到电话后马上到达了基建现场进行探查。当富有经验的文管会人员看到了北京地质勘探处找到的木头和木炭时，马上就联想到了不久前湖南长沙出土的马王堆汉墓。1972 年，马王堆汉墓因为出土了世界上第一具全身湿润的女尸而闻名遐迩。而大葆台现场也恰恰发现了大量的木炭、白膏泥和钱币。这里提到的白膏泥的功能是防渗隔潮，在墓葬中十分常见，另外还有层层封土，具备了木椁墓的特征。考古人员忍不住屏住了呼吸，这一切似乎都预示着一个大规模墓葬的出现，它会像马王堆汉墓一样为世人带来重重惊喜和迷思吗？

大葆台汉墓博物馆

1974 年 8 月 19 日，大葆台古墓发掘组开始了对大葆台古墓的正式发掘，然而，就在考古队员们满怀信心，干劲儿十足地展开发掘工作的过程中，却震惊地发现了盗洞的存在！也就是说，这座墓在历史上曾经被盗过！这个墓葬会不会已经被盗掘一空？考古人员感到心中一紧，于是工作组决定对大葆台古墓进行抢救性发掘。然而，当考古学家掀开古墓之上将近六七米的夯土时，大家又发现了一个奇怪的现象——墓穴周围有大量的木头，它们以错综复杂的形式排列交织。在以往的考古发掘中从未发现这样的墓葬。这些奇怪的木头，究竟为什么会出现在墓穴周围呢？

带着这个疑问，工作人员继续展开发掘，而随着发掘的一步步深入，发掘组成员们越来越感到振奋，因为大家发现，这是一座规模非常大的古墓，仅仅墓穴的面积就达到 417 平方米，比乾隆墓的面积还要大出大约 300 平方米。可是，这么一个巨大的墓穴，为什么要用错综复杂的方木垒起墓墙呢？在这些复杂的墓墙之内，到底埋葬了怎样一位主人呢？而这个曾经遭到盗劫的古墓里，会不会已经是一无所有了呢？

然而，考古学家发现，沿着古墓的顶部，越往下清理条木越多，而且多向外倾倒。这些条木料非常规整平直，表面打磨得都比较光滑。更让人惊讶的是，这些木料在2000多年后竟然还散发着清香。大家发现墓室四面都是用条木层层垒起的，统一头向内，形如木墙，南面正中有门。经过清点，工作人员发现这些条木总数约15000根，相当于122立方米木材，这座古墓仅一项木墙，用材之多简直相当于一座森林！

面对用这么大量的木头垒起的四面木墙，当时的工作人员一时茫然不知何物。因为如此大规模的木条建筑，在过去的考古发掘中还从未发现过。于是大家纷纷开始猜测这些木料的用途，虽然做了种种猜测，仍然没有找到答案。那么，以一座森林为代价的四面木墙到底意味着什么呢？这是不是一种崭新的墓葬形式呢？莫非它是异域民族的神秘墓葬？种种迷思和疑惑萦绕在人们心头，挥之不去……

黄肠题凑的永世荣耀

面对这种从未见到过的神秘“木条”结构的木墙，考古学家开始试图从历史文献中寻找类似的记载与描述。这时，《史记》卷一百二十六《滑稽列传》（刘宋裴骃《〈史记〉集解》）中的一句话引起了专家的注意，其中注引曹魏苏林曰：“以木累棺外，木头皆内向，故曰题凑。”文中的描述似乎和大葆台墓葬中的木质结构不谋而合。

接下来，人们又在《汉书·霍光传》中发现了类似的记载：“梓宫、便房、黄肠题凑各一具，枞木外藏椁十五具”。而唐人颜师古注亦曰：“以柏木黄心致累棺外，故曰黄肠；木头皆向内，故曰题凑。”刘昭对“题凑”一词也作过“题，头也。凑，以头向内，所以为固”的注释。众多史料说明，“黄肠”是指材料和颜色是柏木黄心；“题凑”是指木头摆放的形式和结构——木头的端头向内。总而言之，所谓“黄肠题凑”就是用规格相同的木枋沿与墓壁垂直的方向层层垒置于棺外，形成一圈木墙一样的结构，所有木枋的一方端头都朝向墓室中心。

依此，与发掘遗迹相对照，发现墓葬中不管哪个方向的木墙，它的每根条木的端头都是统一向内的。这与注释中的“题凑”相一致。那么这些木条是不是传说中的“黄肠”呢？工作人员立即请来木材专家进行鉴定，随即得到了肯定的答复——

黄肠题凑

是柏木的芯子。这个结果使在场的人们无不激动不已，这就证实，“木墙”应该是文献记载中的“黄肠题凑”。

如此一来，大葆台汉墓就成了我国发现的第一座大型“黄肠题凑”墓葬。整个黄肠题凑由15800根长90厘米、宽厚各10厘米的黄肠木组成；墓葬四周共铺有30层，中间没有一个榫卯，却相当坚固，工艺水平极高，黄肠木在2000年后的今天还散发着清香。这样惊人的发现振奋着每个人的心。

进一步的发掘随后展开了。一座深埋于地下的灵魂居所，逐渐露出了它原来的面貌……

大葆台墓葬的墓室规模非常宏大，从黄肠题凑往里走就是前室，也叫便房，是象征帝王生前起居玩乐的地方。便房前面是一张宽大的黑漆朱彩的坐榻。汉代的时候没有桌椅，人们都席地而坐，这个坐榻就相当于当时帝王的沙发。

后室，即整个陵墓的中心地带，是放置棺床的地方，用梓木做成，所以叫梓宫，而这里也正是停放棺椁的帝王长眠之所。停放于此的棺椁一共五重，三棺二椁，板材分别为楸、楠、檫木，规格相当之高，这种象征着厅堂、卧室的前室和后室，是模仿生人宅院而建成的，加之其黄肠题凑的礼遇，可以说是当时最高级别的墓葬体系。可是，这个令人惊讶的墓葬，究竟是为谁修建的呢?

墓主人身份之谜

要想了解墓主人是谁，我们先要知道墓葬的大致年代。通常，由于不同的历史时期都具有自己典型的文化特征和器物特征，而且墓葬形制也会有所不同，所以考古学家通常以此为依据，进行断代。不过，大葆台墓葬并没有逃过被盗的厄运，地宫之中还会残留具有明显时代特征的随葬品吗?

随着发掘的进一步深入，考古人员惊喜地发现，昔年的盗墓者并没有将墓葬洗劫一空。考古人员陆续发掘出了陶、铜、铁、玉、玛瑙、漆器、丝织品等400余件，从一些出土的四面铜镜的花纹上可以看出它们是早于王莽时期的，而在出土的陶器组合中也没有发现东汉墓中常见的鸡、狗、猪等动物俑，同时也没有见到西汉晚期墓里常有的灶、仓、井等模型器物，所以由以上出土物的组合中可以判断，它们均为西汉中晚期的物品。

值得注意的是，还有一件绿釉陶器，这在西汉中期墓还没有发现过，直到西汉晚期才出现、东汉时大量流行。看来，这座墓的年代应该接近于西汉中晚期。

然而新的疑问又产生了，在西汉中晚期，现在北京这个地方属于燕国的地域。在这样一个诸侯王的封地，为什么会出现天子葬制的“黄肠题凑”呢?

说到这个问题，就首先要谈到西汉的葬制。在西汉，普通的平民百姓都是用一层棺材敛尸埋葬，而帝王为了标榜高贵的身份，就在棺材外面加椁——所谓“天子棺椁七重”，就是帝王墓葬四棺三椁。而大葆台汉墓的“三棺二椁”便是分封诸侯王的墓制。再加之地理位置和墓的形制，我们可以判断这座墓应该是西汉燕王的墓。那么燕王作为一个诸侯王怎么可以采用“黄肠题凑”这种天子葬制呢?

原来在西汉存在一个“宫室百官同制京师”的制度。所谓的“宫室百官同制京师”就是西汉时准许地方可以仿照首都的建造制式，这实际上是一种怀柔政策。是统治者为了笼络人心，而抬高诸侯国地位，以求得江山永固的一种手段。如辅政功臣霍光死后，宣帝就曾赐予他“梓宫、便房、黄肠题凑和外藏椁十五具”这样高规格的葬制。

当然，在西汉只有帝王和皇室成员或地位极高的高级官员才有可能享受到“黄肠题凑”如此高待遇的安葬，并不是每个诸侯王都能享此殊荣。比如江苏高邮天山汉墓的主人广陵王刘胥，他任诸侯王时，曾多次进行“谋反”或“诅咒”，事发后被迫自杀。尽管其死后所享受的墓葬及其形制极尽奢华，但他的墓葬之题凑木却为楠木。为了显示其高贵的身份和地位，也只是在题凑木芯外涂上一层黄颜色，来模仿“黄肠题凑”。可以看出，他对于黄心柏木构成的天子之制是很向往的。但因其没有遵守尊君一统的君主论和国家观，故无法享受真正的“黄肠题凑”。由此看来，大葆台汉墓的这位燕王生前一定地位显赫，且深受皇帝信赖与宠爱。

据《汉书》记载，西汉燕国共有 12 个王，那么我们又该如何断定这座墓的主人到底是哪一位燕王呢？考古人员在墓中的一个文物上找到了进一步的线索。在墓中出土的一件漆器上，刻有“二十四年五月丙辰丞”字样，其中“二十四年”应该就是这位墓主人在位的年限。

而西汉在位 24 年以上的燕王一共只有 4 人：即燕康王刘嘉，26 年；燕王刘定国，24 年；燕剌王刘旦，38 年；广阳顷王刘建，29 年。而同时，大葆台汉墓中还出土了大量钱币，经鉴定是西汉五铢钱，并未见到王莽时期的钱币。而燕康王刘嘉和燕王刘定国均死于五铢钱流通之前，所以一号墓主人的人选中，又将这两个人排除了。如此一来，这位墓主人只可能是燕剌王刘旦或者广阳顷王刘建父子二人了。

西汉燕国诸王的陵墓中，有历史文献记载的并不多。而其中广阳顷王刘建的陵墓，也并没有见于古代地理文献记载。这可能由于该墓地面祠庙建筑消失了，所以不被后人所知。但是结合大葆台汉墓的墓葬形制，专家还是判断，墓主人为广阳顷王刘建的可能性比较大。这是为什么呢？

原来，根据史书记载，燕剌王刘旦曾经企图谋反，阴谋败露后被汉昭帝赐死。因此，刘旦作为大逆不道的乱臣贼子，肯定没有资格享用“梓宫、便房、黄肠题凑、外藏椁”这样的西汉最高级别的葬制待遇了。

但是近年来，随着老山汉墓的发现，对大葆台汉墓主人的真正身份又产生了一些不同意见的推断。而关于墓主人的迷思，还有待人们进一步的研究。

马王堆汉墓：金玉包裹的永生神话

长沙是一座古老的城市，相传在战国时期，这里就已是楚国的重要邑城，当时叫作青阳。秦始皇统一六国后，设长沙郡。汉高祖称帝后封吴芮为长沙王，此后汉代贵族世居于此。在长沙有着许多关于古墓和宝藏的传说。而1971年的一次偶然机会，一场惊心动魄的“火灾”却真的为我们带来了几千年前的神秘汉墓和数之不尽的奇珍异宝……

“烧出来”的马王堆墓葬

在长沙市东郊一片无人问津的荒野之中，有一座土丘。在这个土丘中部有两座直径16米、高16米的土冢。土冢大小相仿，中间相连，形似马鞍。历来，人们沿袭着一个说法，说这里是五代时楚王马殷及其家属的墓地，因此把它称为马王堆。不过，也有人说，这是西汉长沙王刘发埋葬程、唐两个爱姬的“双女冢”。然而，一次偶然的机会，真相得以重见天日……

1971年年底，马王堆疗养院在此地施工。工人发现地下全是红白点的花斑土，而且越往深处挖，土质越坚硬。随后，在花斑的红土层中，还挖出了一大块油光闪亮的白膏泥。这种白膏泥，用手一捏，又细又软，如同面团，而且越挖越宽。

这白膏泥到底有多宽多深？几个好奇的小伙子们，急于弄个水落石出，嫌镐头、铁锹挖得慢，就找来了钢钎，一个劲儿地往下钻。这一下可钻出了一点名堂：从钻洞里冒出了一股难闻的怪气味。大家都跑过来凑热闹，看个稀奇。就在这时，不知是谁烟瘾上来，刚划着了火柴，只听得“嘭”的一声，气孔着了火，喷吐出蓝色的火苗。这可吓坏了在场的人们，大家有的忙着救火，有的吓得往外跑，还是年纪大的有见识，他们说，这里面一定有宝贝，最好请考古工作者来考究考究。

这一考究不要紧，果然考究出了大名堂。经过专家鉴定，此处极有可能是一座汉代古墓。钻洞中喷出的火焰是由于墓中大量有机物分解后产生的沼气而引发的。中华人民共和国成立前，这种火坑墓在长沙就发现过数处。在古书中也多有记载，如王充著的《论衡·死伪篇》中就提到：“改葬定陶恭王丁后，火从藏中出，烧杀吏士数百人。”

随后，有关部门迅速组织了科学的考古发掘。在发掘的过程中，考古人员居然在填土中发现了绿色的树叶和竹枝，这都是说明墓葬白膏泥密封良好，没有空气进入的力证。工作人员们激动不已，或许墓葬能够呈现出惊人的保存程度，说不定墓主人的尸体还尚未腐烂。人们按捺着激动的心情，怀着无限的期许，继续进行发掘。

随着发掘的继续，一个硕大的方形墓穴渐渐显露出来。从墓口往下，墓穴的四周是一层又一层的土质台阶，每层台阶的高度和宽度都是1米左右，每下一层台阶，墓口四周就各收缩1米。整个墓穴呈漏斗状自上而下不断延伸。

很快，墓坑的夯土清理完毕，棺椁外层的白膏泥开始大面积地显露出来了。本想这白膏泥最厚不会超过半米，因为长沙附近发掘的几百座墓葬中，白膏泥最厚也不过是几厘米。然而令人吃惊的是，这个墓穴的白膏泥竟厚达1.3米。更令人难以想象的是，在白膏泥的下部，又露出了一片乌黑的木炭。木炭也像白膏泥一样，密不透风地包裹着一个尚不明确但可能是棺椁的庞然大物，其厚度为40～50厘米。

当一万多斤的白膏泥和木炭被取出后，发掘人员又发现了覆盖在墓室中那个庞然大物上的竹席。一张张竹席刚一出土都呈嫩黄色，光亮如新，如同刚从编织厂运来的一样，令人惊叹不已。但正当考古人员紧张忙碌地照相、绘图、记录时，由于接触到空气，迅速氧化，未等将图绘完，嫩黄光亮的竹席已全部变成黑色的朽物。

就这样，直到最后一层竹席被轻轻掀开的时候，一副庞大的棺椁终于呈现在眼前……

墓主人重见天日

停放棺椁的整个墓坑是一个带斜坡墓道的长方形土坑竖穴。斜坑墓道在墓坑北边正中间，上宽 3.1 米，下宽 2 米。墓坑口南北长 19.5 米，东西宽 16.8 米，墓口到墓底深 16 米。从墓口向下有四层台阶，每层台阶向内收缩 1 米左右。台阶以下，是一个上大下小的斗型坑壁，一直到墓底。

墓葬的椁室构筑在墓坑底部。葬具之庞大，结构之复杂令人瞠目。整个葬具托在三根垫木上面。外停的盖板和底板都是双层。从垫木底到外椁盖顶面的高度是 2.8 米，几乎有一层楼房那么高。盖板上面平铺着 26 张竹席。上层外椁盖由外框和盖板所组成。外框是用四根方木四角搭榫接合而成的，长 6.73 米，宽 4.9 米，厚 0.4 米。盖板是用五块木板横铺成的，嵌在方框内。

仔细观察，整个棺椁光亮如新、刻画各种纹饰和图画。棺木的四边，是四个巨大的边箱，边箱里塞满了数以千计的奇珍异宝，这些宝物在阳光照耀下灿烂生辉、耀眼夺目。墓室椁内的头箱实属罕见，而内中摆设就更是奇特，箱内两侧摆着古代贵族常用的色彩鲜艳的漆屏风、漆几、绣花枕头和两个在汉代称为漆奁的化妆盒。

马王堆汉墓

将这些小盒子逐一打开，里面皆为化妆用品，形同现代人常见的唇膏、胭脂、粉扑等物。同时，考古人员发现，另一个外观基本相似的单层奁盒，里面除了

马王堆棺椁

五个小圆盒外，还放置一个小铜镜和镜擦子、镊子、木梳、木篦等物，另外有一把环首小刀，这些无疑都是梳妆用具。因此，人们推测，墓主人应该是一位女性。

随后，椁内四个边箱的随葬品陆续被取出，但这只不过是第一层外棺，里边尚有重重棺椁等待揭秘。与第一层不同的是，面前的这层木棺每一面都用漆涂画了极其美丽的黑地彩绘。紧接着，第三层木棺又露了出来。这是一副朱地彩棺，是先用鲜红的朱漆为地，然后以青绿、赤褐、藕荷、黄、白等较明快亮丽的颜色，彩绘出行云流水般的图画。挖掘至此，大家都吸了一口气。按照史料中的“天子之棺四重，诸公三重，诸侯两重，大夫一重，士不重”这一说法，已经开到第三层木棺的墓主，当是诸公一级的人物了！

然而，令众人大感惊奇的是，第三层木棺打开，里面竟还有一层木棺！想不到墓主人竟有如此显赫的地位。这是和天子并驾齐驱的墓葬规格！墓主人到底地位多高，身价几何，一时尚难断定。但从木棺的形状和外表的装饰看，这应是最后一层木棺了。

在这层木棺的盖板和四壁板上，装饰着锦绒和羽毛

马王堆多层棺木

贴花绢。锦绒上是棕色的花枝形几何图案，用它镶边。羽毛贴花绢上是菱形花纹，上面贴着金黄色和黑色等彩色的羽毛。这种用锦绒和羽毛贴花绢装饰的木棺，迄今还是第一次发现。

掀开棺盖，只见棺内装载着约有半棺的无色透明液体，不知这些液体是入葬时有意投放，还是后来地下水的渗透所致。在这神秘的棺液之中，停放着一堆外表被捆成长条的丝织品。从外表看去，丝织品被腐蚀的程度不大，墓主人的尸身就包裹在这一堆被捆成长条的物件之中。

而揭开丝织品，一个五十来岁的贵妇长眠于这团团锦簇之中。只见女尸外形完整，面色如生，全身柔软光滑，皮肤呈淡黄色，看上去如同刚刚死去。伸展的双手各握一绣花小香囊，内盛香草。考古人员用手指在她的脑门儿、胸部以及胳膊等部位按下去再放开，凹下去的肌肉和皮肤很快又弹起来恢复原状；掀动四肢，各关节可自由弯曲。更令人惊奇的是，女尸眼睑的睫毛清晰可辨，左耳薄薄的鼓膜完好无损，就连脚趾的指纹和皮肤的毛孔也清晰可见。

马王堆女尸

这样的防腐技术实在令人瞠目结舌。过去虽然也发现过保存相对完好的尸体，但尸体大多是处在干燥环境中的，而且发现时也大多已变成干尸。比如埃及的木乃伊、新疆的且末男尸、楼兰美女、芬兰冰人等。但是像这样在液体浸泡中的软湿尸体，历经千年还保存得如此完好，实属罕见。生活在几千年前的古人到底掌握了怎样先进的防腐技术呢?

容颜不朽的秘密

难道浸泡女尸的棺液之中有着容颜永驻的秘方，还是神秘的巫蛊之术守护了墓主的肉身？为了揭开马王堆墓葬女尸千年不朽的秘密，科学家和考古专家展开了系统的调查。

从科学理论上讲，要做到防腐，不外乎三条路径：低温、无菌和无氧。而马王堆汉墓的女尸之所以能够千年不腐，主要就是因为有效地隔离了氧气，具备了恒温和恒湿的重要条件。

这座汉墓深埋于地下20余米，具有16米十分密实的夯土层，隔离了光热，几乎不受地面湿度和温度的影响。在夯土层和地面封土之间，有一层0.2～0.3米的白密泥；在紧贴棺椁的四周和顶部，还填充了一层0.3～0.4米厚的木炭，重量达1万多斤；在木炭层以外，又用白膏泥填塞封固，厚度达0.6～1.3米。

木炭有很好的吸潮作用，而白膏泥就是瓷土或者高岭土之类的膏泥。这种积水的白膏泥渗透性非常弱，哪怕被水浸泡 6 个小时，其渗透性也依然为零。也正因为如此，墓葬才有力地隔绝了外界环境的侵扰，冻结了墓内的乾坤流转，把时间永远地停留在了千年之前。

然而，除了精心修建的墓葬隔绝了氧气，恒温、恒湿以外，埋葬前的消毒和速埋也是非常重要的。因为南方天气很炎热，如果事先不进行防腐消毒，迅速下葬，期望保持尸体千百年不朽，那是难以设想的。墓主人在下葬以前，她的亲属究竟采取了一些什么消毒措施，我们现在已无法知晓，不过，做到速埋在那时并不困难，因为那时已有生前立墓的习俗。

女主人的尸体费尽周折才得以千年不腐，显然她在生前必定拥有显赫的地位。她到底是皇亲国戚，还是功臣家眷？人们对墓主人的身份产生了浓厚的兴趣，纷纷进行猜测……

她是谁

如此规模宏大的墓室和极尽奢华的随葬品，使人们不禁对墓主的真实身份浮想联翩，其中不乏一些逸闻传说。但是要想真正弄清墓主人的身份，还是要从墓葬本身入手。

在墓葬的棺椁之中考古人员发现了一个不起眼的普通化妆盒。而这个看似平凡的小盒内，却恰恰藏有解开墓主身份之谜的关键一环——一枚角质私印，上刻有“妾辛追”三个字。其中“妾”为古代妇女的谦称，那么“辛追”两字当是这个墓主人的名字。正是有了这个角质印章，世人才得以知道马王堆 1 号古墓棺内的墓主，是一个叫辛追的女人。

此外，墓中出土的大量漆器上还书有“轪侯家”三字，在竹筒和坛坛罐罐上盖有类似今天的火漆印之类的封泥“轪侯家丞”四个字。“轪侯家丞”的封泥是说明随葬物在经过他的检验以后才下葬的。因此，我们可以推断：这位贵妇正是轪侯的夫人。

据史书记载，历史上的轪侯一共有四位，他们分别是第一代利苍（《汉书》中又叫黎朱苍），始封于汉惠帝二年，死于高后八年；第二代利豨，在位时间是高后三年到文帝十五年；第三代利彭祖，文帝十六年继位，死于景帝后元三年；第四代利扶，从武帝建元元年到元封元年，在位30年。那么，马王堆汉墓的女主人到底是哪一位轪侯的妻室呢?

这就要牵扯到断代的问题。而考古学往往采取利用墓葬中有明显年代特征的随葬品作为断代的依据。墓葬中出土的大量钱币成了解决这个问题的关键。马王堆墓葬中出土了大量的泥“半两”和泥“郢称”。根据过去对长沙西汉墓的研究，汉初多出泥“郢称”。稍后的文、景时期多出泥“半两”，武帝及其以后则以“五铢”为主。由此断代，这座墓的年代应该在武帝之前，可能是文、景时期的墓葬。接下来的发现陆续证明了这一推测。

在这座墓葬的不远，考古人员相继发现了马王堆2号墓、3号墓。其中2号墓与辛追墓葬同是正北方向，而两墓的中心连接线又是正东、正西方向，封土也差不多大小，不难看出，这是两座不同穴的夫妻合葬墓。而且，男西女东，正符合“古时尊右”的习俗。而2号墓中出土的“长沙丞印”“轪侯之印”“利苍”等印章，也毫无悬念地解释了2号墓主人，即辛追丈夫的真正身份——第一代轪侯利苍。

辛追夫人

穿越时空的千年瑰宝

既然墓主辛追地位如此显赫，那么她墓中的随葬品也自然是倾一国之力，出土的大量漆器、乐器、书简和织物等令人目不暇接。

其中漆器共约500件，计1号墓184件，3号墓316件。

二十五弦瑟

这是各地发现汉代漆器中数量最多、保存最好的一批。器类主要有鼎、匕、盒、壶、钫、卮、耳杯、盘、奁、案、几和屏风等。漆器大部分是木胎，只有少数奁和卮是夹胎。装饰花纹多为漆绘的红、黑和灰绿等色。纹样则以几何纹为主，龙凤纹和草纹为辅。一些漆器书有“侯家”“君幸酒”“君幸食”字样，还有注明器物容量的。

同时，马王堆汉墓也为我们保存了很多难得一见的古乐器。墓中出土的二十五弦瑟，是目前发现的唯一完整的西汉初期瑟，同时还出土了二十二管竽和一套竽律。3号墓除出土瑟、竽外，又有七弦琴和六孔箫。这些都是首次发现的西汉实物。墓中出土的乐器数量之庞大、种类之繁多，实属罕见。

马王堆汉墓还发现了大批帛书和两卷医简，均出自3号墓东边箱的长方形漆盒中。帛书大部分写在宽48厘米的整幅帛上，折叠成长方形；少部分书写在宽 24 厘米的半幅帛上，用木条将其卷起。出土时都已严重破损，经整理，共有 28 件。其中除《周易》《老子》二书有今本传世外，绝大多数是古佚书，此外还有两幅古地图。这是中国考古学上古代典籍资料的一次重大发现。而医简的内容则为《黄帝内经》和《房中术》。

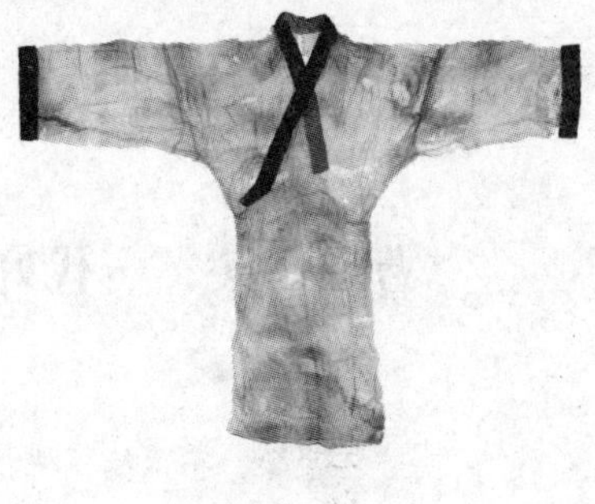

马王堆汉墓丝织品

另外，墓中大量丝织品也保护完好，品种众多，有绢、绮、罗、纱、锦等。其中一件素纱样衣，轻若烟雾，薄如蝉翼，衣长1.28米，且有长袖，重量仅49克，如果除去领和袖口较厚重的缘边，重量仅半两多一点。根据计算，每平方米衣料仅重12～13克，织造技巧之高超，可谓巧夺天工。墓中出土的帛画也为我国现存最早的描绘当时现实生活的大型作品。

马王堆汉墓带给了我们太多的收获和迷思，如果说它是一座汉代文明的宝库，丝毫不为过。它向我们展示了古人超乎今人想象的智慧与勤劳。随着对马王堆汉墓的进一步研究，希望这个“三苗”故地的王室汉墓能带给我们更多的惊喜。

曹操高陵：一代奸雄的最后心机

曹操，字孟德，他挟天子以令诸侯，纵横三国不可一世；他败走赤壁杜康解忧，含恨而逝，名留青史。无论在史学家秉笔直书的记录中，还是文学家天马行空的笔触下，曹操始终都是颇富争议的一代奸雄。人们对他生前的功过成败褒贬不一，就连对他死后魂归何处也是争议不断。一代奸雄曹操到底是深埋于西门豹祠之旁，还是长眠于漳河之底呢？七十二疑冢的秘葬传说，又是否真的是这位生性多疑的权谋家留在世间的最后心机呢？游走在历史的虚实之间，就让我们一起去探访曹操最后的归宿。

遗诏中的高陵

曹操，字孟德，小名阿瞒，安徽亳州人。是三国时期著名的军事家、政治家和文学家。史书中记载曹操文武双全，《魏略》中说他“才力绝人，手射飞鸟，躬禽猛兽”。《三国志》更称其“才武绝人”。他一生官至丞相，封魏王，谥武王。这位一代枭雄，一生金戈铁马，志存四方，可纵然曹操纵横风光一世，亦难逃星落陨灭之时。

汉献帝建安二十五年正月庚子（公元220年3月15日），曹操病逝于洛阳，

曹操疑冢

享年 66 岁。曹操的灵柩运抵邺城后，在夏侯尚、司马懿的陪奉下，于同年二月丁卯（公元 220 年 4 月 11 日），埋葬在他亲自选定的邺城西南的山冈上，当时称作“高陵”，后世因其地处邺城西面，大多称它为“西陵”。然而时至今日，我们却再也无缘一睹曹操高陵的本来面目，它已经被深藏于历史的尘埃之下，消失得无影无踪了。

但曹操生前位至丞相，更是雄踞一方的霸主，我们又不禁对他的陵墓浮想联翩：曹操的墓中会不会随葬了大量的奇珍异宝？他会不会犹如秦始皇一样，为自己修建了一座空间绝后的地下宫殿呢？虽然我们现在已经不能用实物加以佐证，但是却能从曹操的遗诏、遗令中略窥一二。

《三国志・武帝纪》记载，建安二十三年（公元 218年）六月，曹操下诏令对身后事做出安排：“古之葬者，必居瘠薄之地。其规西门豹祠西原上为寿陵，因高为基，不封不树。《周礼》冢人掌公墓之地，凡诸侯居左右以前，卿大夫居后，汉制亦谓之陪陵。其公卿大臣列将有功者，宜陪寿陵，其广为兆域，使足相容。”两年后，曹操病逝于洛阳，遗令曰：“天下尚未安定，未得遵古也。葬毕，皆除服……敛以时服，无藏金玉珍宝。”

从曹操亲笔的遗诏、遗令中，我们可以得到一些关于他的墓葬的信息。首先，按照其中的说法，曹操死后是被埋在了西门豹祠庙的西原之上。而在晋朝陆机的《吊魏武帝文·遗令》中，亦有“葬于邺之西岗上，与西门豹祠相近”一语。可见，按照曹操的遗愿，把他安葬于“西门豹祠庙的西原之上”的可能性还是很大的。

其次，“因高为基，不封不树”，且“无藏金玉珍宝”，曹操的墓葬不只因陋就简，也未曾建造纪念性的建筑物，所有后事都是严格遵从曹操生前遗愿来操办的，可以说与其生前尚俭作风一脉相承。据说，曹操一生提倡节俭，他对家人和官吏要求也极严。他的儿子曹植的妻子还曾因为身穿绫罗，被他按家规下诏“自裁”。宫廷中的各种用过的布料，更是破了再补，补了再用，从不轻易更新。有个时期，天下闹灾荒，财物短缺，曹操不穿皮革制服，到了冬天，朝廷的官员们都不敢戴皮帽子。

关于曹操薄葬的原因，也有其他的说法。有人说由于他早年曾干过盗墓的勾当，目睹了许多坟墓被盗后尸骨纵横、什物狼藉的场面，后来又干了大逆不道争权夺势的阴谋勾当，为防止自己死后出现这种惨状，他才一再要求“薄葬”。再加上曹操生性多疑、善于权谋，就更由此衍生出了关于曹操七十二疑冢的传说……

传说和历史中的七十二疑冢

关于曹操七十二疑冢的民间传说最早始于宋代，据说曹操为了防止后人盗掘他的坟墓，在生前就做了周密的安排：曹操死后出殡时，邺城内所有的城门同时打开，72具棺木分别从东、南、西、北四个方向同时抬出，葬入事先准备好的墓室内。此后，人们便再也分不清楚哪一座是曹操的真坟，哪一些又是迷惑世人的疑冢。

罗贯中更在《三国演义》中，将传说加以渲染，成了曹操“遗命于彰德府讲武城外，设立疑冢七十二，勿令后人知吾葬处，恐为人所发掘故也”。就这样，传说成了“遗命”。蒲松龄在《聊斋志异》中也收录了一篇《曹操冢》。并将曹操陵墓的地点从邺城扩大到许昌城外，位置从地下延伸至水底，点出曹操墓更有可能在其设的七十二疑冢之外。此外，范成大在他的《石湖诗集》中也提到，他在孝宗乾道六年（公元1170年）出使金国期间，曾经在讲武城外亲眼见到过曹操的七十二疑冢，而且临冢感怀，即兴写了《七十二冢》诗一首：“一棺何用冢如林，谁复如公负此心。闻说北人为封土，世间随事有知音。”

而后，程卓在《使金录》中也振振有词地宣称，他在出使金国的途中，曾亲睹过曹操的七十二疑冢。此后，直至元、明、清三代，“七十二疑冢”一说广泛流传，不断出现在一些文人的笔记、小说之中，不胜枚举。随着这些文学作品的流传，曹操墓之谜就更加引人注目，越发扑朔迷离了。

而如今，在河北省临彰县讲武城以西至磁县一带，的确有一座座形同山丘的土堆，而且当地民间也相传这就是曹操七十二疑冢的遗迹。甚至有人认为这其中必有一座是曹操的坟墓。

宋代的愈应符曾在《曹操疑冢》中讽刺道："生前欺天绝汉统，死后欺人设疑冢。人生用智死即休，何有余计到丘陇。人言疑冢我不疑，我有一法君未知，尽发七十二疑冢，必有一冢藏君尸。"

然而从晚清至民国，这些疑冢大多被人盗掘，从墓志看，墓主大多为北魏、北齐的王公要人。可据专家考证，这些虽然都是北魏、北齐皇族的陵寝无疑，但却与曹操的陵墓没有太多关联。更有传说，军阀混战年代，东印度公司的一个古董商人为了寻找曹操的真墓，雇民工挖了十几座疑冢。除了土陶、瓦罐一类的东西外，一无所获。可见，对七十二疑冢悉数挖掘的方法不是没有人试过，但始终莫得其所。

那么关于七十二疑冢的传闻是不是可靠呢？其实，就像前面提到的，无论从历史文献和考古实证上说，都并没有证明七十二疑冢确实存在的证据。在今人看来，对曹操七十二疑冢的传说更多是时人针对曹操生前善于权谋诡计、多疑阴险的批评。苏轼就曾评论"曹操阴贼险艰"，陆游也说"天心大讨曹"。由此看来，饱读史书的文人都如此否定曹操，在民间广为流传的三国故事中，曹操更成了反面人物的代表。这种情况下，有关曹操的史实受道德评判左右，产生了"七十二疑冢"的传说，也就很好理解，不足为奇了。

虚实之中的曹操陵墓

如果说关于曹操的七十二疑冢多半只是传说和杜撰罢了，那么曹操是否真的按照他的遗愿，被埋葬在"不封不树"的黄土之下呢？关于真正的高陵所在，除了当年的一纸遗诏，是否还有别的踪迹可循呢？甚至，曹操的高陵是否真的在历史上确实存在过呢？

据文献记载，贞观十九年（公元645年）二月，唐太宗在御驾亲征高句丽途中，曾经亲自拜谒了曹操的高陵，并亲笔题作了一篇《祭魏武帝文》的祭文。唐太宗的这篇祭文，将曹操和商代的伊尹、西汉的霍光相提并论，给予了高度的评价。这说

西门豹祠

明在唐代初年，曹操的陵墓依然保存完好。

时至唐代后期，李吉甫在《元和郡县志》卷二十中，仍然明确记载曹操的西陵在邺县城西 30 里处。但是，到北宋的乐史撰写《太平寰宇记》时，虽然也曾提及邺县有魏武帝、魏文帝和甄后三陵，却不曾指出它们的具体方位。据此可以推知，大致在唐末五代以后，曹操的陵墓已然倾颓，而且无从寻觅。宋人只是大概知道曹操的高陵位于邺县，至于具体的位置，却已不甚了了。

而今人如若想要寻得曹操陵墓，恐怕就只有从曹操当年的遗诏入手了。在曹操的遗诏中，一共提到了两个地方。一个是西门豹祠，另一个就是铜雀台。

首先让我们来说说西门豹祠。晋陆机的《吊魏武帝文·遗令》中，虽然确实有曹操"葬于邺之西岗上，与西门豹祠相近"一语。然而，由于西门豹是个除暴安良的历史人物，黄河流域包括邺地居民惯以建立西门豹祠避祸禳灾，所以临漳一带有多处西门豹祠。那么哪一个西门豹祠附近才有曹操陵墓呢？而且，曹操遗令的原文为"规西门豹祠西原上为寿陵"，陆机所书则为"葬于邺之西岗上”，两处地点大相径庭，是误还是诈？不得而知。

那么，铜雀台之地呢？在遗令的最后，曹操还提到了铜雀台，他吩咐他的妻妾们，在铜雀台的公堂上安放一张六尺大床，挂上灵帐，并供上干果祭品，逢到每月的初一、十五的上午，面向灵帐奏乐歌舞。同时，遗令还嘱咐他的群臣，“汝等时时登铜雀台，望吾西陵墓田”。

而成书于乾隆五十二年(公元1787年)的《彰德府志》中，有一幅描绘详细的临漳县图，在位于铜雀台正南五公里的灵芝村处，清清楚楚地标着一座“魏武帝陵”。后人便依据这些内容，以铜雀台为中心，寻找曹操的陵墓，但由于种种原因，也始终未果。

除了曹操的这份遗诏之外，世人还尝试从各种文献与诗歌中寻觅高陵的踪影。于是又有了曹操葬于其故里谯县的“曹家孤堆”和长眠于漳河之底的说法。

据《三国志·魏书·文帝纪》载：“甲午（公元220年），军治于谯，大飨六军及谯父老百姓于邑东。”《亳州志》载：“文帝幸谯，大飨父老，立坛于故宅前树碑曰大飨之碑。”这说明，曹丕在其父过世后并没有急于返回邺城，而是先行去了曹操的故里。

邺城

按理说，曹操死于该年正月，初二日入葬，如果是葬于邺城的话，那魏文帝曹丕为何不去邺城而返故里？他此行目的难道是纪念其父曹操？换句话说，难道曹操的真正的陵墓所在地并非邺城，而是文帝所幸之谯县？《魏书》中还记载“丙申，亲祠谯陵”。而谯陵恰恰就是位于城东20公里外的“曹氏孤堆”。这里不但曾有曹操建的精舍，亦为曹丕出生之地。此外，又据记载：亳州有庞大的曹操亲族墓群，其中曹操的祖父、父亲、子女等人之墓就在于此。所以有人由此推断，曹操之墓也当在此。

而曹操葬于漳河之下的说法也是源于诸多的诗文记载和传说掌故。古诗有曰：“铜雀宫观委灰尘，魏之园陵漳水滨。即令西湟犹堪思，况复当年歌无人。”并且，魏文帝也曾下《止临淄侯植求祭先王诏》，其中有“欲祭先王于河上，览省上下，悲伤感切”之句。除此之外，清代沈松的《全健笔录》引用了《坚瓠续集》的一段记载，说顺治初年漳河干涸，一渔夫见河中有大石板，旁有一隙，以为内中多鱼，乃由隙入，只见石板下有石门，门内尽是美女遗骸，一石床上卧一人，冠服如王者，碑文明记此乃曹操。因以水银敛，肌肤不朽，众人磔裂其尸而出。有人因此认为，曹操陵墓可能是别出心裁地修建在漳河河底，或者曹操的陵墓是由于漳河泛滥而被淹没于漳河之底的。这种种推测，也不乏道理，早在《唐书》和《旧五代史》中，就有漳河由于自然或人为因素而为害的记载，且至少有六条之多。而 1983 年，当地农民更曾在漳河大桥河床挖到过银元宝、银锹等，因而又有人重提此说。但据考古学家推断，漳河大桥下出土的文物，是明代皇宫的船队在此翻船遗落的，与曹操墓并无关联。

有人认为曹操的坟墓就算“不封不树”，也一定会有所表示。他的儿子曹丕等人安葬他的时候，为了上坟祭祀的需要，不可能一点记号也不做，难道把他埋了以后就什么也不管了？这恐怕有些不近情理，也不符合中国人“慎终追远”的孝道。《三国志》明确记载曹操的陵墓称为高陵；即使“不封不树”，但在地名上也许会留下叫高陵的村庄。如果能对今天临漳、安阳一带的新旧地名进行一次深入挖掘和普查，也许可以找出一些关于曹操陵墓的线索。

上述诸说，或因缺乏实物佐证而不能断言，或是一家之言尚未得到公认。而专家学者们对于高陵藏身何处的问题也仍然莫衷一是。曹操陵墓究竟何在仍是个未解之谜。难怪人们要感叹：奸雄生前欺人，死后亦欺人。

第三篇 异族坟

茔藏异族远去的秘葬

印山越王陵：传说中越王勾践的长眠之地

在浙江省绍兴县兰亭镇木栅村南有一座山丘，该山形如覆斗，平面略呈方形，且四周开凿有壕沟，宛若古代印玺，因而得名“印山”。而在印山之上，又埋藏了一座春秋晚期至战国初期的大型墓葬。由于墓地位于越国故地，又形制甚高，人们纷纷推测这会不会是越王勾践的墓冢？倘若果真如此，这位卧薪尝胆的传奇人物又会在百年之后给我们留下什么未解的谜题呢？

初探印山王陵

考古界流行这样一句话：“北有秦宫，南有印山”。话中提到的“印山”指的就是印山越王陵，它位于浙江省绍兴市区西南 12 公里。距离书法圣地兰亭约 1 公里的印山，因其平面略呈方形，立面高耸似印，而得名印山。这座王陵距今约有 2500 年时间，其规模之大，结构之殊，营建之讲究，举世罕见，堪称奇葩。

那么，这座与“秦宫”比高的印山王陵，规模到底有多大呢？据统计，印山大墓所挖岩土将近 16000 多立方米，耗费木炭约 1200 立方米，所用大方木则为 4000 立方米，当年营建此墓工程之浩大可想而知。穿过宽大的长墓道，沿着木梯下到墓室，墓室分前、中、后三室，室与室之间有台阶相隔，墓室内均用巨大的长方木构筑，每根木枋的四周都涂有油漆。底面用长方木横向平铺，在底面两边用长方木互相斜撑，形制是三角形木椁，所用木料直径80多厘米，有专家断言，其树龄都在千年以上。

墓室规模更是巨大，长30多米，底宽近5米，高度4米多。墓穴中室还铺了一层编织物，中央停放一大型木棺，棺长6.10米，宽1.10米，内高0.40米，采用独木雕凿而成，据传独木棺是春秋战国时使用较多的葬具。但像印山王陵中这么大的独木棺，却从未听说过。棺内外及墓室内的长方木均用三面髹漆，局部地方至今漆面如镜，昔日的绚丽豪华仍依稀可见，令人叹为观止。

印山王陵，不但规模浩大，而且在填筑和防腐措施上也十分科学和讲究，墓室上首包有约140层树皮，20多厘米硬的树皮外再填筑着1米左右厚的木炭层。然后，整个墓坑用大量青胶泥填筑。此外，墓室坑底还铺垫着一层1.65米厚的木炭。而墓坑之上，在发掘之前是一个长70米，宽35米，高10米的椭圆形封土墩。

正是这些层层“屏障”，才使墓葬中的那座独木巨棺能穿越近2500年的时光后，还近乎完好地保存下来。从这座墓葬的密封情况来看，倘若不是惨遭盗掘，或许我们还能看到像马王堆汉墓般保存完好的墓主遗体，而想必出土大批量完整的随葬品和珍宝也是大有可能的。

印山越王陵

印山王陵的墓葬结构在我国的考古发现中也是绝无仅有、一枝独秀。该墓穴坑深达20多米，有一层一层的

夯层，夯窝十分明显，从土顶到墓底，高达 30 米，这样的结构，在我国是首次发现。而只有国王和皇帝的墓葬才能使用的隍壕，在墓冢四周也完好地保存着。印山的四个角上，现在都还有清水环绕。据考古学家们说，像印山这般保持得如此完好的隍壕实为罕见。

印山王陵虽然曾经被盗，部分木构件遭到损坏，但整体保存完好，局部髹漆仍乌黑发亮。大墓里出土文物 40 多件，有大量的玉器、玉剑、石器、漆器和青铜器。而从其中的青铜质地的挖石工具和夯土木质工具看，以当时的生产力低下的条件，建造这样规模的陵墓，起码得花十几年时间。在清理的过程中，人们发现，墓中的大部分木质构建保存的完整程度是惊人的，可是却偏偏不见越王的尸骨和贴身随葬的物品，究竟是被历次盗墓者洗劫一空，还是另有原因，令人遐想不已。

虽然印山墓葬惨遭盗掘，但从墓葬的规格和形制以及余存的一些随葬品来看，不难判断，墓主生前必然地位显赫，可是墓中残留的线索十分有限，我们是否还能够抽丝剥茧，找到印山大墓的真正主人呢？

印山墓主是夫镡、允常还是勾践

印山位于古代越国故地，而墓葬规格甚高，在墓葬周围发现了只有国王和皇帝的墓葬才能使用的隍壕，并且出土了漆木甲。这些线索把墓主人的身份直指越王。然而，由于遗留下的随葬品不多，也无任何铭文可考，而文献记载又扑朔迷离，甚至有人一度将印山墓定位为“疑冢”。

但考古学家们仍不愿就此放弃，他们结合文献，小心论证，大胆推测，试图在一片混沌中抽丝剥茧，理出一个头绪。

按《史记》《竹书纪年》《越绝书》记载，越国的世系从无余开始，但中间的世袭谱系确是缺失的，到了夫镡才又重新开始有了记录。夫镡的儿子是允常，允常是勾践的父亲，越国传到他手里时“拓土始大，称王”，可以说越国的强大始于允常。

以前的越王应该无力营造如此宏伟的陵墓。而公元前 473 年，越王勾践灭吴后，曾拥兵北上并迁都于山东琅琊，及至四世孙越王翳时，即公元前 379 年，才迁回到吴，即今苏州一代。再加之“春秋晚期到战国初期”的年代学限定，可以确定，印山大墓的墓主人是夫镡、允常和勾践三人中的一个。

那么印山大墓的主人究竟是这三位越王中的哪一个呢？关于这个问题，仍然存在着许多不同的观点。就让我们来逐一探其究竟。

首先，印山大墓的主人会不会是夫镡呢？史料记载越王勾践曾经迁葬祖父夫镡的陵墓，《越绝书》称为“若耶大冢”，按理说这个迁冢不可能距越都太远。今绍兴禹陵乡大二房村圣人山上发现的残长达34米的越国最大的石室墓，正好地处《越绝书》所载勾践经常“走犬若耶”及射猎的若耶溪边，而与之有关的乐野和鹿池山等越国史迹，至今地名犹存，说明这座大型石室墓应该就是迁葬夫镡的“若耶大冢”。这样一来，印山大墓的主人就应该是另有其人了。

木客大冢

接下来我们再看看墓主为允常的可能性。允常是越国杰出的君王，至迟在公元前510年就已在位称王。在他的领导下，越国由弱变强，故《吴越春秋》说：“越之兴霸，自允常矣。”《舆地记》也载允常“拓土始大，称王”。

《史记》和《左传》则说允常与吴王阖闾结怨，从而点燃了吴越争霸战争的烽火。史称允常卒于公元前497年，他的陵墓据《越绝书》载叫作“木客大冢”，并说“木客”的得名源自勾践初迁都琅琊时，派楼船卒2800人在此伐松柏造桴，所以叫“木客”。那么，“木客大冢”和“印山大墓”又是什么关系呢？

有人认为“木客大冢”就是“印山大墓”。印山大墓北隅的里木栅村原称“木栅村”，只因其后人丁兴旺，村落扩展，才有里木栅和外木栅村落之分。按绍兴方言“栅”与“客”同音，“木栅”实则“木客”的同音异写字，“木栅村”也就是北魏郦道元著《水经注·浙江水》中所载的“木客村”。何况印山大墓的方位和距离，又正同《山阴县志》记载中的“木客山”相符。特别是印山大墓构筑的大型木棺，既形制独特，且耗工巨大，这不仅符合越王允常的身份和国力，而且当年影响必然很大。所以“木客大冢”即为“印山大墓”的可能性很大。

另外，从语言学的角度看，《说文》中“椁”，释“葬有木椁也”；段玉裁注“古博切，五部”。“客”，《说文》释“从宀各声”；段玉裁注“苦格切，古音在五部”。这表明两字均属五部，读入声，古音相近。因此，“木客大冢”很可能是“木椁大冢”之误。综此，“木客大冢”本意应是“木椁大冢”，而《吴越春秋》等书所说勾践“使木工3000余人，入山伐木”达一年，因“作士思归，皆有怨望之心，而歌木客（椁）之吟”一事，应与众木工在今印山附近一带山中伐木与营造印山允常大墓的工程之巨有关。

对此，也有人提出异议，认为木客山不是印山，木客山另有其山。木客真实所在有其范围，是指现木鱼山和姜婆山所在的山脉。其西端主峰因古籍“客”与“容”误刊，使木客山变成了木容山，再经民间音、义双转，使木容山变成了今之木鱼山。而印山也不可能是包含在木客山山脉之内的。因为自古至今，不管是山势地理成规，还是堪舆学说，均认定山随脉行，脉连山依，脉断山离。印山和木客山之间有涧溪隔离，山脉已断，自然是互不相干。

另外，印山大墓的宏大规模及建制也与允常时期越国国力不符。印山大墓发掘后，以其非凡的气势、宏大的规模、豪华的墓室以及十分讲究的填筑工艺为世人震惊。而允常时期的越国每年要向吴国朝贡，是吴国的附属之国。书中称允常“拓土始大，称王”，其实是指在局部战争中占领了吴靠近越界的一些土地。

此后允常国力虽有兴盛，但一直难与吴抗衡。允常在位的前5年只是谨守父业，后9年虽国力渐兴，但越国的治国重心仍在加强军务、严防外犯和提高国民生活上，是不可能去考虑营建印山大墓那样大损国力的陵寝工程的。印山大墓的隍壕形制与允常时的社会地位也不相符。在陵周设隍壕是显示帝王尊贵身份和地位的象征，一般诸侯国君主是不敢妄为的。从越王允常的地位、礼遇排行来看，是不会僭越礼制，重耗微薄国力去营建印山大墓如此巨制的王陵的。

既然如此，那印山王陵会不会是越王勾践的陵寝呢？有学者对此种猜测提出了疑义：史载勾践继位在公元前496年，卒于公元前465年。依《越绝书》所记，勾践生前自己兴建的王陵叫“独山大冢”，后因迁都琅琊而“冢不成”。据方志记载，独山有二处：一在绍兴柯桥镇独山村附近；另一在南池独山（又叫玉山）一带。如此看来，无论勾践的陵墓有没有建成，都可以肯定不在印山。

然而这种说法也并没有得到认同。反对者认为上种说法仅注意到《越绝书》上的独山大冢，而没有人将其与印山相联系。他们认为勾践墓不论是否建成，都与印山无关，在绍兴是没有勾践王陵的，但他们并没有给出相应的理由。相反，越民族有叶落归根的习俗和祖训，而勾践最注重事鬼神、尊宗庙，他不可能离开祖父、父亲的墓葬，孤身一人置陵于异地，这于情不通。结合各方面的原因，勾践很可能就是印山大墓的真正主人。

《史记》说勾践灭吴后，率兵北渡淮河，与齐、晋诸侯相会于徐州，致贡于周，“越兵横行于江淮东，诸侯毕贺，号称霸王”。此时，勾践满腔称王称霸的雄心且国力强盛。在这样的情况下，他为自己营造一个气势独尊、规模恢宏的皇家陵园并配有象征帝王尊贵的隍壕结构，是极为可能的。

另外，印山大墓的封土靠近墓道的五分之一部分，及墓道、甬道的全部填土、封土，均为二次城筑。也就是说，该墓道在初次建造完毕后，曾被有计划、有步骤地重新打开，然后实施下葬，这是典型的自治冢特征。

勾践灭吴后，国力强盛，为了不让外人知道自己的坟墓所在地，他特地派出大批土石匠，到现绍兴城南九里的大独山上，大张旗鼓地佯建自治冢，这就是《越绝书》称独山大冢“勾践自治为冢。徙琅琊，冢不成，去县九里”的原因。也许勾践在城南选择一座与印山地理特征、山形大小均相仿的独山，来佯建陵墓，其目的是转移视线，掩盖真相。

更有人推断，勾践称霸后，骄横任性，为了确保日后不被外界知晓在营建自治冢，他很有可能派出军队对建墓人员实行全歼，并分坑殉埋。恰恰印山大墓发掘中，就曾在墓内甬道与墓门接合部位，发现一大堆武士身上穿戴的漆皮铠甲片遗存，这是人殉的物证。

而后勾践为了给迁葬的军队一个说法，对外扬言：“三穿允常之墓，墓中生理风，飞砂石以射人，人莫能入。”在今印山东首的大片缓坡中，有数十处或大或小的圆形土墩，经考古勘探，它们是大墓的陪葬墓，或许就是当时的人殉坑。

尽管关于墓主的真相，大家各执一词，但始终没有一种说法可以说服众人，可以说，至今印山大墓的主人到底是谁还是一个谜题。

惊现盗洞，示警还是虚惊

由于关于印山王陵的诸多争论久久不能定论，在经历了发掘初期的一片喧哗后，印山王陵也渐渐恢复了往日的宁静。但近年来，在印山王陵的附近又惊现了许多盗洞，它们集中出现在印山越国王陵西南面一座小山上的竹林里，大小深浅不一，洞边上还散落着一些青砖。据这些洞穴口泥土的颜色，可看出有些洞穴刚挖不久，有些洞穴已经挖了有段时间了。到底是谁盗扰了印山大墓的寂静呢?

知情的村民说，这些年常有人来盗墓，留下了一个个深浅不一的坑。“那些人多半深更半夜里来，我们很少见到。”让村民们气愤的是，这些盗墓者挖的坑很多都很深，他们经常走着走着，一不小心就会掉进去。有的盗墓者为掩人耳目，还在上面盖了树枝、竹叶等，这也让一个个盗洞像陷阱一样，令村民们防不胜防。

这让当地群众和有关部门十分担忧，难道有不法分子利欲熏心，又把目光盯上了印山大墓，还是盗墓者另有企图?

经过调查这些盗洞大小一共 30 余个，而且分布较为集中。部分盗洞正打在一些小型墓葬上，而这些墓葬自然是被盗掘一空。有关部门声称虽然这些盗墓行为破坏了一些小型墓葬，而位置也离印山越国王陵很近，但万幸的是这些盗洞在印山越国王陵的保护范围之外，不会对印山越国王陵的保护产生影响。

印山大墓虽然曾经惨遭盗掘，但它仍然保留了许多珍贵的信息，对于研究在历史上原本就扑朔迷离、鲜有记载的越国弥足珍贵。这些深埋于地下的墓葬都是十分难得的“活史料”，把历史凝结在了墓主生活的年代，各自诉说着一段不为人知的故事。我们只有重视对古代墓葬的保护工作，加大对不法盗墓分子的打击力度，才能更好地守护这份祖先的遗产，破解历史的诸多谜题。

南越王墓：石室之中的龙钮金印

远在公元前203年，河北真定人氏赵佗建立了割据一方的政权——南越国。就在这五岭以南40多万平方公里的土地上，赵氏政权建立了不朽的业绩。他曾与汉高祖刘邦对峙，拒不称臣，被视为一方枭雄。然而，短短的93年后，南越国却在与汉武帝的南征大军进行了一场殊死的较量后灰飞烟灭，而南越王朝的墓葬似乎也随着这场战争，谜一般地消失了。这不足百年的王朝给我们留下了太多的谜团……不曾想，2000多年后生活在这块土地上的后代，竟无意中闯入了南越王朝君主的圣殿。从此，人们不得不重新审视这方土地，去感受它那风云变幻的过去……

被历史遗忘的神秘王陵

拨开历史的迷雾，在记忆的深处，中国的西南一隅，曾经有一个雄踞一时的政权——南越国。它始建于公元前203年，在秦朝灭亡后，由南海郡尉赵佗于公元前203年起兵兼并桂林郡和象郡后所建立。公元前196年和公元前179年，南越国曾先后两次臣属于西汉，成为西汉的“外藩”，于公元前111年为汉武帝所灭，传国五世，历时93年。

南越王墓遗址

在这短短的93年中，文献对这个转瞬即逝的国度并没有留下太多的记录。它的精神与物质文化到底发展到了一个怎样的程度，人们也不甚了了。在记忆之中，南越国似乎并没有举世闻名的青铜器，也并没有精美绝伦的玉器，并且南越自古以来就被称为蛮荒之地，然而王陵的发现，把人们的视线又一次拉回到了南越的故土之上……

那是1983年的6月9日，广州风景秀丽的越秀山西侧，一个名为象岗的小山冈上，某建筑工地正在热火朝天地赶工。挖掘基地的工人们突然发现地面露出了排列整齐的大块砂岩石板，循着石板之间的缝隙窥视下去，隐约可见一座庞大的建筑。根据分析，这很可能是一处古代文化遗迹。随后，工程指挥部马上通知了广州市文物管理委员会。考古专家赶到现场，仔细勘查周围的情况之后，便派一名工作人员设法从大石板之间的缝隙进入了这座地下建筑。接着，探秘者带出了令人振奋的消息：

这是一座石室大墓，透过石板缝隙间送进的一丝白光，隐约可见墓室里堆满了随葬物品。环顾四周，依稀可见石室的墙上、顶板上，绘满了流畅富丽的黑红色卷云纹。毫无疑问，这位墓主人不同寻常！

经过精心发掘，专家断定这是一座西汉早期大型石室壁画墓。它略呈“甲”字形，上部是“田”字墓室，下部伸出的是长长的墓道。也许是为了预防被盗，通向墓室的墓道填满了黄土和大石块。经过千年岁月的磨难，陵墓大门早已朽坏，墓门外有两个殉人，一为门亭长，一为隶徒。这是一个四方形的门厅，墓室分布于东、西、北三面。东西各为一个狭长的耳室，里面有一随葬人和大量的精美物件。

但是，这里并没有棺椁，显然并不是埋葬主人的墓室。然而环顾四周，北面的石门紧闭，似乎在保守着一个千年的秘密。考古专家根据以往的经验断定，门后有顶门石。这种顶门石是用几块由前往后逐渐变大的石片做成，石片由中间的一个小轴穿起，关门时它们会渐渐地在里面压紧门扇。经过周密地策划，发掘者终于在拆下一扇门后进入了墓主的寝室。

然而，墓室里面并没有人们预想的巨大棺椁，从地面散落的物质看，棺椁已经腐朽。但是人们发现寝宫的东西两侧还各有一个侧室，后方又有一个储藏室，里面放置着各种日常用具。在两间侧室里，竟发现有11个殉葬者。

经专家鉴定，这些随葬人多是被击砸后脑致死的，还有的殉人可能是自缢而亡。这些人里有士兵、歌姬和杂役等。在中国的商周奴隶制社会普遍有人殉风俗，例

南越王墓博物馆

如，在河南安阳的商代墓葬就普遍有人殉，有些贵族墓人殉甚至多达 90 人。墓主都是奴隶主，人殉多是妻妾、近侍或仆人。可是在汉朝，人殉早已退出了历史的舞台。在中国发掘的 11 座西汉陵墓中，南越王陵是唯一一个有活人殉葬现象的陵墓。这或许是因为南越国偏居岭南，所以仍保留奴隶制社会人殉习俗。

而棺椁之中的墓主身穿玉衣，身边还有一漆盒，里面放着4117颗珍珠，身着华贵的丝缕玉衣，头枕丝囊珍珠枕，手握玉龙，腹挂玉佩，腰间佩十把铁剑，头部置金钩玉饰，躺在腐朽的棺椁木堆里。千年之后，他只剩下了半个颌骨、几颗牙齿及几块头骨残片，并没有像他期望的那样万世不朽。专家对他的遗骸进行了鉴定，他死时约35～45岁，正值壮年。种种迹象表明，这位故去的墓主身份一定不容小觑，他究竟是何许人也呢？

青史不名的君王

就在人们为墓主人的身份一筹莫展的时候，在墓主的腹腿间，发现了一枚罕见的金色印章，它成为揭开墓主人身份之谜的重要线索。

方形龙钮金印

这是一枚方形龙钮金印，通高1.8厘米，边长3.1厘米，重148.5克，含金量98%，印面呈“田”字格状，阴刻“文帝行玺”四字，小篆体，书体工整，刚健有力。印钮作一龙蜷曲状，龙首尾及两足分置四角上，似腾飞疾走。

这枚金印铸成后，局部又用利刃凿刻而成。而印面槽沟内及印台四周壁的碰痕和划伤及残留的暗红色印泥，都说明金印是墓主生前的实用印，这更表明这枚印章上所刻的“文帝行玺”应该就是墓主身份的最好证明。那么，“文帝”又所指何人呢？

从金印的形制来看，它应该隶属一位王者。因为自秦始皇以来，只有皇帝的印章才能称“玺”。臣民的凭信物只能称“印”、称“章”。汉承秦制，在玺印的规定上稍有宽缓，皇后、诸王印信也称玺，但基本上仍相沿旧制而不改。而钮形不同，显示着印的主人的阶位不同。

比如，西汉的“轪侯之印”，是1973年在湖南长沙汉墓中发现的，墓主为侯爵，印钮作龟形。“滇王之印”，是1956年在云南晋宁发现的，墓主为一国藩王，印钮作蛇形。“倭奴国王”印，是1784年在日本九州志贺岛出土的，印主为一邦之王，印钮也是蛇形。1968年，中国在陕西咸阳汉高祖长陵附近发现一枚玉制的“皇后之玺”，钮作螭虎形。而这枚金印则是以盘龙为钮，可见墓主的王者之风。

根据文献《史记》《汉书》的“南越传”载，南越国的开国之君赵佗自称“武帝”，后传位于第二代君王赵胡。而历史上这位二世君王正是以“文帝”自居的。看来这位墓主人的真实身份似乎应该是南越国的第二位君主了。然而事情并非如此简单……

因为随后在墓室之内，又陆续发现了“赵眜玉印”和“眜”字封泥等。这与史书上记载“文帝”名赵胡的记载相悖。难道他不是南越国的二世国王？那又该如何解释“文帝行玺”呢？难道是史书的记载有误？墓主人的身份在这一连串的疑问之下，显得更加扑朔迷离。

关于墓主人的真正身份，众人始终莫衷一是。一种比较普遍的看法是：“眜”印与“文帝”印同出，说明赵眜就是汉史中的第二代南越王赵胡。《史记》中的“胡”或是司马迁掌握资料不实致误，或是后世班固传抄笔误，也可能是一人两名，或出于名、字、号的歧义，抑或出于音义通假。

也有人认为，汉朝对南越使用巫蛊法术，所以南越的二世君王不敢入朝，也隐晦其名。史书中所见记载的“赵胡”，不过是编造的假名，而“赵眜”才是他的真名。另有推测认为“胡”是普通话读音，而“眜”则为南越方言，或“胡”为原名，“眜”为改名，或可能“赵胡”不是原名，而是时人给他的绰号、诨名。

但同时，除了这些主流的看法之外，还有一些不同的观点。有的学者根据墓室中另外两枚“泰子”印以及“赵胡”“赵眜”的矛盾情况，推测墓主人应该是南越的二代君王赵胡无误，但是“赵眜”印章的主人却另有其人。它应该是赵胡之父或兄长的私章。更有甚者认为，墓主应该是南越的第三代君王婴齐。而墓中的“文帝行玺”金印是其父的遗物，婴齐为了缅怀其父才藏到了自己的墓中。

“文帝行玺”金印

也有人对以上种种说法不以为然，并指出中国历代帝王中，或称“文帝”，或称“武帝”的君王历来多有。比如曹操为“武帝”，曹丕为“文帝”。然而，殊不知中原帝王的这些称号，并非其在位时的“尊号”，而是在其死后，对其一生所作评价的“谥号”。而南越国的礼制与中原殊异，这称谓不是死后的“谥号”，而是生前的“尊号”。由此看来，这种说法禁不起推敲。

关于这座墓葬主人的真正身份，现在还未有一个统一的说法，尚待人们进一步研究。

长生不老的神话

从秦始皇到唐太宗，中国古代帝王似乎总有着炼丹以求永生的梦想。但往往却是永生不得反而一命呜呼。这些传说中长生不老的灵丹妙药显然是人们的一厢情愿，但是却始终带有浓厚的神秘色彩。没有人能够说得清它究竟是个什么样子，成分是什么，又是如何炼就的。而南越王陵的发掘却为揭开这些问题带来了一线转机。

在发掘地宫的过程中，考古人员在西耳室的西侧墙根，发现了一堆五色石。这难道是一种稀有的宝石吗？经过分析，这些五彩斑斓的小球原来是药石，包括紫水晶 173.5 克、硫黄 193.4 克、雄黄 1130 克、赭石 219.5 克和绿松石 287.5 克。这些药石与古籍记载的“五色药石”成分有所出入，这可能与方士个体差异、炼制方法不同有关。

除了首次发现五色药石，南越王墓里还发现了一些可疑的铅丸和丹砂。在西耳室的药杵旁，发现了两堆 528 个小铅丸。铅丸直径 1.8 厘米，单个重 31.5 克。值得注意的是，这批药丸制作相当精细，大部分中间有一个小圆孔，不穿透。它们跟主棺室内与弩机一起出土的用作武器的 12 枚铅弹丸很不同：弹丸直径 2.9 厘米，重 124 ～ 129 克，有纵穿小孔，表面粗糙，氧化得很厉害，呈灰白色，多数开裂。

这些神秘的小铅丸到底有着怎样的精妙之处呢？古籍中记载古代炼丹士炼制出丹砂（硫化汞）和铅用于内服，能产生显著的镇静安神、镇逆定喘功效，使人自觉神清气爽飘飘然，有服用这种“金丹”的人死了，竟被视为“仙去”。如此看来这种小铅丸很可能就是传说中的长生不老药。

在主棺室棺椁头端还发现了一颗与 528 枚小铅丸完全一致的小铅丸。显然，这种药丸应该是墓主生前服用的药物。因为丹药不是药性酷烈，就是大热大毒，所以吞服后产生一时兴奋，但日久就会毒发。其墓室内有大量五色药石和铅丸，这似乎说明赵眜的早逝和长期服用这种药丸不无干系。

另外，我们在南越王墓后藏室还发现了铜提桶和一个异形壶里都有花龟和水鱼的遗迹。而王宫遗迹后花园的石池底淤泥层里，竟发现了数百只龟、鳖遗骸，叠压成层，厚达50厘米。其中有一个大鳖的背甲宽达44厘米，这么大的鳖，古人称之为“山瑞”。这无疑都寄托了南越王赵眜对长寿永生的向往。

然而和历史上许多穷尽一生追求永生的帝王一样，南越王赵眜不仅没能如愿延年益寿，还死于自己编织的这个虚无的梦想。这或许是最大的讽刺与悲哀，让后人感慨不尽。

南越王陵之最

这座深山之中的南越墓葬之所以吸引了无数关注的目光，除了因为它尚未定论的墓主人之谜引得人们无限遐想和神秘的长生不老药之外，墓葬之中所蕴藏的无尽的奇珍异宝也使得无数人魂牵梦绕，唏嘘不止。

而其中的许多件随葬物品更称得上是“中国之最”，堪称国宝，各界专家、学者也毫不吝惜地冠以“稀世罕见”“国之瑰宝”等美名。神秘的南越王陵之中到底埋藏了哪些难得一见的稀世珍宝呢？

首先就是墓主人身着的那件丝缕玉衣。南越王墓出土的这件丝缕玉衣由 2291 块玉片用丝线穿系和麻布粘贴编缀而成，是我国迄今所见的年代最早的一套形制完备的丝缕玉衣，且是从未见于文献和考古发现的新品种。以前我们较多听说的是“金

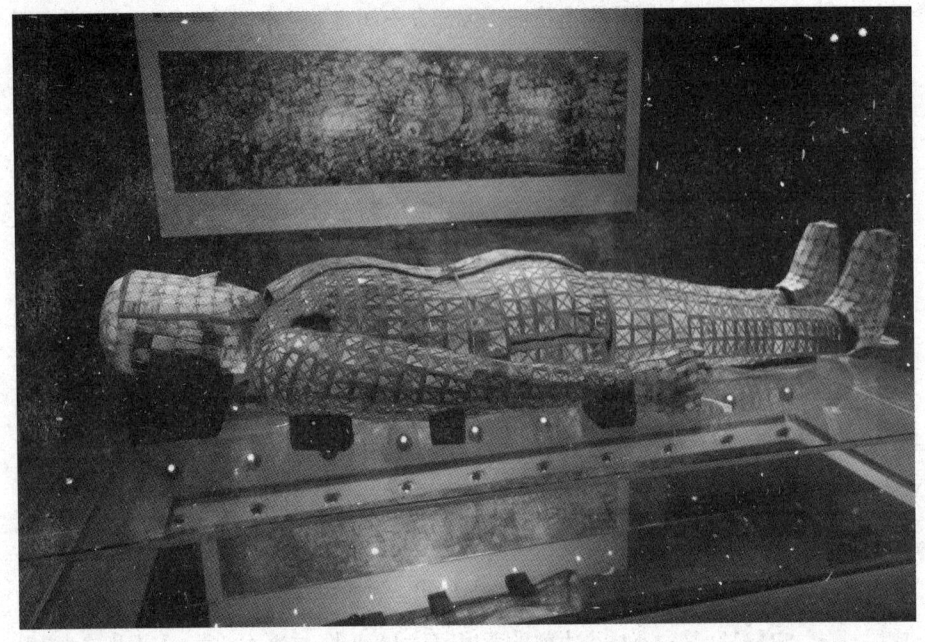

丝缕玉衣

缕玉衣”。

金缕玉衣又叫玉匣，汉代开始流行，三国魏武帝推行薄葬，后世遂止，所以玉衣是汉代特有的。中山王刘胜墓出土的金缕玉衣世界闻名，就是其中的精品。然而金缕玉衣到目前为止出土二三十件，丝缕玉衣却只此一件，堪称孤本。所谓丝缕，就是穿玉的线是丝线。

按规定，帝后所用为金丝，王侯所用为银丝，将相所用为铜线。按南越王的地位，应可穿银缕，但却是丝缕，而且玉衣的玉石质量参差不齐，玉片上的穿孔更是大小不一，手工较为粗糙。据此专家们估计，这玉衣不是西汉东园制造，多半是南越国自行制造的，很可能因为还没得到当时汉武帝的同意，所以只敢用丝缕，连铜丝亦不敢用。当年这件玉衣出土时，丝带早已腐烂，玉片散落一地。来自北京的考古专家采用前所未有的“竹签插取套装法”来整取玉衣，并与同事合作用了 3 年时间才最终将这件丝缕玉衣复原。

除了丝缕玉衣之外，墓葬中还出土了这样一批特殊

的器物。它们有着强烈的异域风格，印证着南越古国对外交流的历史，是目前中国岭南地区发现的最早一批舶来品。其中有一件白色的银盒特别引人注目。

波斯银盒

这个呈扁球形的银盒，通高 12 厘米，腹径 14.9 厘米，重 572.6 克，出土时在主棺室，盒内有十盒药丸。从造型、纹饰和口沿的鎏金圈套等工艺特点看，与中国传统的器具风格迥异，但与古波斯帝国时期（公元前 550 ～前 330 年）遗物相似。经化学分析和专家们研究，认为是波斯产品，银盒里的药丸很可能是阿拉伯药品。

船纹提桶

而另外一件随葬出土的船纹提桶也显示出了独特的异域风情。桶身上有四组船纹，船上有扬起的风帆、戴羽冠的武士、裸体的俘虏、满载的战利品以及古代越族部落象征权力的铜鼓等。船的周围以及船底还绘有海龟和海鸟，反映了一支大型古越人船队在战争结束后凯旋的场景。这是目前考古发现的规模最大、最为完备的海船图形，对海上丝绸之路的研究具有相当重要的意义。

此外在墓葬之中还出土了 5 支大象牙，并排堆放，整堆象牙宽 57 厘米，最大的象牙长 126 厘米。经动物学专家鉴定，出土象牙的产地是非洲。这很可能是通过海上丝绸之路来到广州的。而墓葬中出土的 11 件铜熏炉和若干香料也被认为是来自东南亚的舶来品。这些珍贵的随葬物品都记录了南越国风雨变幻的外交历史及对外贸易历程，具有极高的研究价值。

在南越王的陵墓之中，还出土了世界最早的彩色织物套印工具——印花铜版模、中国最早的实用屏风、中国最早的平板玻璃、西汉最长的铁剑、西汉最大的绘画铜镜等奇珍异宝，数量众多，不一而足。

南越王陵的发现，开启了一座深埋于地下的千年宝藏，让世人重新领略了岭南南越文化的千年魅力。然而伴随着这些令人瞠目结舌的奇珍异宝，南越王陵也给我们展示了许多尘封已久的谜题。墓葬主人的真正身份、南越文化的属性、后世王陵的所在……这一系列的问题都还等待我们去揭晓。

南诏国王陵：一半传说，一半历史的极乐南国

1000多年前，云南大理地区曾有过一个在中国历史上显赫一时的地方王朝——南诏国。自细奴罗创建南诏以来，南诏曾一度成为云南一带最强盛的地方王朝，后到南诏国灭亡，历经254年，先后13位君王在位。在唐宋时期，南诏国的君王们金戈铁马，驰骋于云贵高原，在新旧《唐书》和《宋史》之中都可觅得南诏国当年的辉煌，然而南诏国王族的陵墓却至今杳无踪影，如谜一般消失在南国大地之上。我们不禁追问南诏究竟有没有王陵？如果有，又是以何种形式，葬于何处呢？这个神秘古国留下的千古悬案，吸引着历史学家、考古学家们为它殚精竭虑、苦苦追寻……

谜一样的南诏王陵

隋唐时期，在今云南地区错杂散居着许多部落，名号繁多，难以胜计。从7世纪初叶到中叶，其中一个叫作乌蛮的部族征服了当地的白蛮，建立起六诏。乌蛮称王为诏，而六诏就是六个王国。

直到南诏的第六位君王皮逻阁渐次消灭其他各诏，才建立了统一的南诏国，定都太和城（大理市南）。开元二十六年（公元738年），唐玄宗册封皮逻阁为云南王。

南诏旧址

此后，南诏不断开疆扩土，在其最盛时，大致上占有今云南及四川、贵州的一部分，成为西南少数民族所建立的一个强大的地方政权。

自细奴罗创建南诏以来，南诏曾一度成为云南一带最强盛的地方王朝，直至后来被大理国所灭，前后一共经历了254年。在这254年间，南诏国先后共有13位君王登上历史舞台。然而令人费解的是，这些君王的陵墓不仅始终没有被找到，甚至连一点点的蛛丝马迹也无从发现，就这样在南国大地上销声匿迹。

对此人们有着各种各样的推测。有人认为，由于南诏只是一个地方王朝，国力无法和中原王朝相比，没有足够的实力为每一位国王修建大型的王陵。可这貌似无法解释迄今为止尚无一座南诏王陵被发现的迷思。

也有人提出，按照《大理国朝纪大纲》中的记载，南诏王墓葬地是在郑买嗣灭南诏的战火之中被焚毁掉了。原来的南诏王陵应该是坐落在五印山一带。因为根据文献记载，早在元末，就有“叶榆（大理）七子奇而考之”。

他们曾入蒙化（巍山）府，进行考察，一无所获；后到五印山，观其“贝山奇秀，云合雾屏，秀岭甘泉，世外胜景，千峰拔翠、五印相暨，而得脉地，果得古墓遗坑数十”。而后断定“其规模巨大，必南诏历代主、王妃寝宫地”。据此而言，南诏王陵确实是曾经存在过，而后毁于战火，因而在南国大地上销声匿迹了。

另有人认为，南诏国偏隅西南，远离中原内地，其丧葬习俗很可能与中原地区完全不同。再加上他们信奉佛教，时兴火葬，所以无须为保存尸骨大兴土木。但是通过观察大理地区保存下来的一些火葬墓，我们看到即便是普通百姓，实行火葬后，也还是要为死者立有墓碑的。普通百姓尚且如此，身为帝王，又怎么会将自己的骨灰随意撇撒安置呢？

还有一种说法，把南诏王陵的神秘失踪归咎于南诏国传说中的独特葬俗。据说南诏王死后，并不像中原王朝帝王那样棺椁毕备，全身而葬，而是采用“金瓶葬耳”的方式来安置亡灵。那么，这乍听起来诡异而又离奇的“金瓶葬耳”指的又是什么呢？

金瓶中的灵魂

其实所谓“金瓶葬耳”，就是通过特殊的处理方法，把故去的南诏王的双耳取下来，放进黄金做的瓶子内保存。“金瓶”之外，套上白银做的精美盒子，供奉在特别的房间内。这种供奉南诏王双耳的房间称为“别室”，非常隐蔽。南诏王遗体的其他部分，则用火焚化，用土掩埋。一年之中，四时八节，都要把“金瓶”请出，举行隆重的祭典。

据说为了保得君王死后不被打扰，这个秘密只有继位的南诏王才知道。而为了不让后人发现金瓶的所在地，南诏王会派出第一批人把金瓶储存收埋好。然后再派出第二批人，把知道这个洞穴所在地的人全部杀掉。从此，这个藏有“金瓶”的洞穴的位置就永远成了一个谜。

这种独特的葬俗听起来未免让人觉得离奇，多半会觉得流于荒诞。但我们却在史籍唐代《蛮书》中发现了相应的记载：

“蒙舍及诸乌蛮不墓葬，凡死后三日焚尸，其余灰烬，掩以土壤，唯收两耳。南诏家则贮于金瓶……深藏别室，四时将出祭之。”

在这条重要的史料中，有一个关键词“别室”。“别室”是什么样的建筑，是类似于宗祠的神庙，或者就是史书记载的“南诏家庙”，还是南诏王的王陵，至今仍无法做出确切的解释。可以肯定的是，如果南诏君王真的选择在死后栖身于金瓶之中，那么这金瓶也一定是埋藏在了一个不为人知的隐秘地点。

乍现即逝的藏瓶洞

尽管关于“金瓶葬耳”的诡异习俗和金瓶埋葬的神秘地点，有着各种各样的传说。但是谁也没有目睹过金瓶的庐山真面目。多年来，“金瓶葬耳”也只是像其他关于南诏王陵的猜测一样，仅仅停留在人们口耳相传的记忆之中……

直至2001年一个夏天的傍晚，一场突如其来的瓢泼大雨把沉寂千年的南诏金瓶重新带入了我们的视线之中：

那日，大雨侵袭了600年前南诏国都城所在地的巍山县，轰隆的雷声促使一位进山采药的彝族老汉加快了脚步，他要赶紧找个地方暂避风雨。大山里通常会有很多的洞穴，老汉在草丛中寻找着，果然发现一个小小的洞口，急忙走了进去。

洞中漆黑一片，地面上也坑坑洼洼。就在火光照亮前方的时候，老汉惊呆了，山洞深处显现出一些金灿灿的东西。这是些黄金打造的罐子。这时，老汉好像受到了更大的惊吓，他全然不顾外面的狂风暴雨，跌跌撞撞跑出了山洞。也许是因为受了惊吓和淋了雨水，老汉回家后便一病不起，不久就去世了。随着老汉的去世，刚刚被发现的山洞又失去了踪迹。

这是在大理山区的农民之间广为流传的一个故事。他们中的大多数人对此深信不疑，坚称确实有这样一位老汉在经历了这样一个不平凡的夜晚，目睹了南诏金瓶后，带着这个秘密和乍现即逝的藏瓶洞一起消失了。

虽然我们无从考证这到底是村民们一厢情愿的幻想，还是确凿的事实，但这个故事确实又让我们看到了寻找南诏国王陵的一丝希望。装有南诏国君遗骸的金瓶会不会真的就埋藏在南诏故地的某个山洞之中呢？文献中所提到的“别室”难道就真的只是一座藏于深山之中的洞穴吗？

然而从南诏国的风俗信仰来看，我们又不难推测出个中缘由：

史书记载，早在南诏国创建初期，佛教就被确定为南诏国的国教，君王们为表示自己礼佛的虔诚，纷纷命工匠在群山之间开凿石洞，修筑佛像。至今大理山区也依旧保留着很多的佛教造像。但与其他信奉佛教的地区不一样的是，南诏国的君王们在为佛祖菩萨打造石像的同时，还将自己的石像也置于其中，甚至连同他们家人的石像也会一并列入其中。由此看来，既然南诏的国君们偏好将自己的石像与佛像共立于山洞之中，那么将自己最终的归宿选择在这里也是不无可能的。

虽然这一切貌似合乎情理，但也毕竟只是人们的猜测与推理而已。仅凭“金瓶葬耳”的传说、南诏故地的石像、目睹金瓶的彝族老汉……这些扑朔迷离的线索，我们是否真的可以揭开南诏王陵之谜，寻得传说中的金瓶呢?

寻找南诏王陵

尽管线索并不明朗，希望也十分渺茫，但面对南诏王陵真相的诱惑，还是有许多人前赴后继，纷纷在这附近寻找藏有金瓶的山洞，可是几经勘测始终未果。然而就在人们近乎放弃的时候，却有了意外的发现。

大理市文物管理所在大理山区的一处山腰发现了一块面积不小的平地，从它整个的形制来说，它在当时苍山的峰麓下面，前面有上下两个平台，两个平台之间有个通道。专家认为这样的地形很像是个大型祭祀的场所。如果按照传说和《蛮书》中的记载，每到国王的忌日，从附近的洞中取出金瓶，在这里举行祭奠活动，一切似乎是顺理成章。但因为没有发现山洞，人们始终无法证实它的存在。

就这样，寻找金瓶的工作似乎遇到了瓶颈，无法进展，暂时停滞了下来。然而，2004年的冬季，事情出现了转机。

这年在苍山一条公路边的考古工地上出现了一些异常的现象。工地上逐渐清理出一些大大小小的土坑，人们发现在每一个土坑中都埋放着一块大石头。

专家和考古工地的领队，对这些土坑异常关注。他们认为土坑中的大石块呈现了一种古人特殊的建筑手段。那就是在坑中先放上石块，然后在石块上树起木柱。而用这样的办法建筑房屋，恰恰正是南诏大理时期建筑的特点。

根据文献中的记载，历史上这一带也确实曾是“南诏国”的都城。考古遗迹的发现与历史文献的契合不由得让人们心中一喜，又重新燃起了希望。此时，之前那个扑朔迷离的彝族老汉的故事陡然变得可信起来。那个藏着金瓶的山洞会不会真的存在，且有希望再度现身呢?

于是，人们对之前发现的平台又展开了进一步研究。这里会不会真的是“南诏国”为国王的灵魂举行祭祀的地方呢？但倘若真的如我们所推断，那么当年人们除了要夯筑起一个平台，平台上还应该有相应的建筑。考古队员们能否找到当年祭祀建筑的残存痕迹呢？幸运的是人们果然在泥土中观察到了一层层不同的土质，并且在第二阶平台的地面上发现了许多散落着的瓦砾。但这些证据还远远不够，毕竟只有找到有着“南诏国”特征的建筑残片，才能确认平台上曾有过那个时期的建筑。

新的问题又摆在了工作人员的面前，由于那个时期的历史文献几乎全部被后来的明代人所焚毁，在仅存的文字中无法得知南诏具有代表性的瓦砾到底是何模样。如此一来，我们就无法判断平台上的瓦砾是否出自南诏古迹。

就在工作人员一筹莫展的时候，先前的考古工地出土了一批瓦片，而通过地层学和类型学的断代，它们已经被明确定位为源自南诏国。如此一来，我们只要把这批瓦片和平台上发现的瓦片进行类型学的对比，就可得出结论了。而令人们喜出望外的是，这两批瓦片上的纹路竟有着同样的特征。随后，这块遗址之中又先后出土了南诏有字瓦、铺地砖、铺地绿釉砖等。由此看来，毫无疑问，这个地方在南诏时期一定有官方建筑，而接下来的各方面的综合分析显示，这里很可能是南诏王陵的所在地。

如今各种迹象都表明，“南诏国”的王陵是存在的，国王的金瓶也是存在的。承载着南诏帝王灵魂的金瓶也许就静静地深藏于某个幽暗的山洞之中。但是南国群山险立，草木丛生，我们到底该向何处寻觅这藏有金瓶的山洞呢？

按图索“瓶”

为了寻找到传说中的南诏王陵，不少人穷尽一生的时间也未能如愿。虽然我们现在尚且无法确定南诏王陵的确切所在，但民间有人根据各种传说和文献，绘制出了一张寻觅南诏王陵的秘密地图，希望借此能够早日重现南诏王陵的辉煌。打开这张神秘的地图，“苍山”“洱海”“巍山”“弥渡”“昆明”“西昌”“石钟山”被红色的标记赫然圈示在泛黄的地图之上。

“南诏国”时期，洱海周边地区是统治的核心地带，被称为“首邑之地”。“南诏国”在这一区域内设置“十赕”，它的地理范围，大致与今天洱海周围的大理市、洱源县、巍山县、弥渡县、祥云县、鹤庆县等地域相当。“十赕”区内，苍山洱海之间的狭长平原，是“南诏国”直至元代段氏总管时期的王都与总管府所在地，以此推断，苍山洱海之间极有可能埋藏着南诏国王逝去的灵魂。

而作为南诏发祥地的巍山，是南诏王陵可能分布的另一地点。在南诏国统一洱海地区之前，巍山一带一直是南诏部族活动的中心地区。所以这一阶段的5位南诏王很有可能就安葬于此。而迁都太和城之后的南诏王，死后也有可能“归葬”到南诏故地巍山。

此外，明代李元阳《大理府志》《重游石宝山记》以及后来的《石宝山小志》等文献，都提到剑川石钟山上隐藏着巨大的“石洞”。这个石洞会不会就是埋藏金瓶的地点所在呢？当地人历代相传，山谷中幽深的洞内雕有佛、菩萨、罗汉造像无数，当地樵夫往往能指其所在。李元阳曾多次探访，但始终无功而返。“石洞”是否存在，成为明代至今人们常常提及的话题。有的学者认为，南诏国王陵，就很可能隐藏在石钟山的“石洞”之中。

而弥渡、昆明滇池、四川西昌一带，或因出现于相关文献之中，或因发现了类似南诏王族的遗存，也纷纷被认为可能是南诏君王灵魂的栖息之所。

这张神秘的地图是否真的能够最终指引我们找到传说中的南诏王陵呢？现在答案还是一个未知数。

但尽管人们对南诏王陵的寻访仍旧未果，可谁也不能否定神秘王陵的存在。因为被人们揭露的历史秘密，与历史的真相相比，永远是沧海一粟。也许，在人们不经意的某一天，那个带着500多年神秘历史的古老王朝和装载着逝去帝王灵魂的金瓶会穿透历史的迷雾，为我们解开心中的谜团……

辽太祖祖陵：凿山为殿，沉睡千年

辽太祖耶律阿保机是契丹人的杰出领袖，他建立了辽朝，并使契丹人走上了封建化的道路。926年，阿保机死于出征途中，次年下葬于祖陵。辽末，金人的一把大火将祖陵烧得七零八落，祖陵的许多问题因此成为千年的难解之谜。只有陵园内遗址上众多的残砖碎瓦，向后人展示着昔日的历史，描绘着祖陵当日的辉煌。

神奇变幻黑龙门

耶律阿保机的陵寝位于辽上京遗址西北侧约5公里处的奉陵邑内。所谓奉陵邑，就是专门为守卫和奉祀帝王陵寝而筑的城，这是辽代特有的一种城郭。建城前这里史称西楼，是辽朝皇室居住之地，耶律阿保机的四辈先人都出生在这里，因此又将此城命名为祖州，将安葬耶律阿保机的地方称作辽祖陵。辽祖州全城周长1.75公里，平面为不规则的五角形。

群山环抱着的哈达英格山谷地势险峻，奇峰异石随处可见。天然形成的谷口名叫黑龙门，是哈达英格山谷唯一的入口。远远望去，宽大的黑龙门一侧的巨石极像巨龙的龙头，龙身便是盘旋蜿蜒而去的巨大山脉，与龙头对应的另一侧是绝壁。黑

黑龙门

龙门下，有一眼名叫液泉的山泉。据说，即便是在当地最为干旱的年月，液泉也从未干枯过，当地人称其为“神来之水”。若将一块整砖大小的石头扔进山泉内，只看见水花飞溅，却听不到石头落底之声。

进入黑龙门后，大约走出100米回头观望，只见黑龙门上的龙头竟然奇妙地变化成了猛虎头的形状。继续前行100多米后，再回头观望，那猛虎头似乎又变成了雄狮头像。更为奇妙的是，雄狮头上似乎还端坐着一尊形象极其逼真的文殊菩萨像。当置身山谷深处向外望去，突然又发现进来时没有注意到的一座金帐形大山似乎已经死死地堵住了唯一的出口——黑龙门，让人不由得有身陷绝境的感觉。

这些变化莫测的奇妙景观是不是经过人工打凿而成？当然不是，黑龙门上面根本找不到一丝人工打凿的痕迹。大自然固然是鬼斧神工，耶律阿保机也是慧眼独具，值得佩服。

准确葬地究竟在哪里

进入黑龙门就是陵园范围了，一眼望去感觉空荡荡的。辽太祖的陵墓到底在陵园的哪个方位呢？由于当年金兵曾放火烧毁了辽太祖陵，因而后人只知山谷中有太祖陵，但根本无法指出具体的位置。曾经有人推测在山谷西北面一处山坡上，有一个散布着许多砖瓦和灰块的圆坑，可能就是当年的墓室。

这种推测的理由，主要是圆坑位置居于山谷的正中，旁边双峰合抱，并与对面的四座山峰构成对称。圆坑的西面，山势十分高峻，山脊上有人工筑起的高大尖顶石墙。如果站在这里回首下望，整个山谷尽收眼底。因此一些学者推断，这个山坡上就是当年的陵墓所在地，圆坑就是被金兵挖掘的墓室。

这种推测是否正确呢？在很长一段时间内，因为无法具体证实陵墓位置，这种说法普遍被认为是可信的。直到 2003 年，中国社科院考古研究所内蒙古工作二队站在前人研究成果的基础上，对祖陵进行了一次全面的考古调查，取得了新的线索。

此次，考古队对半埋在现地表中的石翁仲进行了清理，试掘了 1.5 × 2.5 平方米的范围，清理出石翁仲的底座。惊喜地发现紧贴石翁仲西侧的原地面上有一个石雕卧犬，这应是当时祖陵神道两侧的石像生之一。距此不远，还有一残断的半截石翁仲个体，与清理出的石翁仲如出一辙。

依此，初步确定了祖陵神道位置呈东南向及祖陵位置位于入谷后北行 1.5 千米至石人沟，山谷内有一处紧贴山根的大土堆，人们推测大土堆下面可能就是耶律阿保机和皇后述律平的陵寝。调查的时候，正值草木返青的季节，山谷中的野草、树木早已是生机盎然、郁郁葱葱，唯有那个大土堆上的草木还是一片枯黄。

这种反常的现象也证明大土堆下面是空的，以至地气无法正常上达地表，自然也就使得土堆上的草木迟迟不能返青。再加上据高科技仪器的检测，确定了这就是辽祖陵的地宫所在地，而且地宫保存完好，耶律阿保机墓葬安然无恙。

在漫长的岁月里，许多帝王陵寝早已经被盗墓贼洗劫一空，可是，从来没有专人看守的辽祖陵至今依旧安然无恙，这也成了千古之谜。

这次考古调查中考古专家发现了近 30 处封堵豁口或者筑于平缓山脊的石墙。这些石墙将辽祖陵密封成一个独立的文化地理单元。这在中国古代帝王陵寝中是较为少见的，这也较好地保护了辽祖陵。

当然，仅仅这低矮的石墙铁定挡不住盗墓者的欲望。据当地的老乡们说，其实，多少年来，许多盗墓贼都对辽祖陵虎视眈眈，曾经也先后有几伙大胆的盗墓贼采取过挖掘行动，可是最终都没能进入辽祖陵内。这是因为辽祖陵的建筑设计十分巧妙，整个陵墓的拱形顶部由多层巨大的石条砌成，层层石条巧妙相压。盗墓贼揭开一层或者几层石条后，下面的石条便无法启动了。于是，贪婪的盗墓贼们对陵墓内的宝物虽然垂涎三尺，却又无计可施。

对于民间的这种说法，目前虽然还找不到多少事实依据，可是，耶律阿保机能够在陵寝中安眠 1000 多年却没有被盗墓贼惊动，仅从这一点设想，耶律阿保机的陵寝可能确有玄机。

奇怪的石房子

辽祖陵处处是谜团，物物有玄机。真正神奇的莫过于黑龙门东侧不远处的半山腰上一处用巨石搭建而成的

石房子

石房子，这个奇怪的建筑物千年来一直矗立在那里，默默注视着历史的变迁。再说整个祖州奉陵邑已经片瓦无存，而它竟能完整地独存于世。是什么力量使得它逃过了女真人的铁骑？逃过了近千年的风霜雨雪？不敢想，只能惊叹造化的神奇。

石房子面南背北，3 米多高，面积 30 多平方米，由七块巨型石板组成，石板间有铁锔相连。其中的 6 块巨石板搭建在一起构成了石房子的主体，另一块巨石板则是平铺在石房子里面，看上去有点儿像炕。石房子前面正中，中空为门。室内四壁空空，凉风习习，与外界的炎热形成明显对比。空空如也的室内，更增添了石室神秘的气氛。石房子的 7 块巨石板中大的足有数吨重，即便是现代的小型吊车都很难将其吊起。令人难以置信的是，这 7 块巨石板竟然不是就地取材，而是从大约 10 公里外的石窟寺附近的山上搬运来的。

在 1000 多年前那个生产力极度落后、没有起重设备、没有运输机械的年代，契丹人又是如何将如此巨大的石板运送上山，搭建成了石房子呢？为此，考古专家们也一直苦苦探寻着，试图解开这个千年谜团，可是，至今还没有找到一个完全令人信服的答案。目前，对于契丹人从数公里外搬运巨石板的方法大概有滚木运输和冬天泼水成冰后滑道运输两种推测。对于搭建石房子的方法，有人则推测可能是用石板下垫土升高的土垒建造法进行搭建的。

除此之外，更令人费解的是，契丹人建造这个石房子究竟是干什么用的呢？有人说，只要破译了石房子上面雕刻的许多不规则的契丹文字和图案，石房子之谜便会迎刃而解。为了解开这个谜，许多考古专家进行了不懈的探索，但是，至今也没有人能够破译石房子上面的契丹文字及图案。

至于石房子的用途，人们至今依然在不停地猜测着。不知到了哪一天才能够揭开这些千古之谜的神秘面纱……

有一种说法认为石房子很坚固，适合做监狱。有什么样的要犯必须用建造祖州石室这种方法来处理呢？话说耶律阿保机死后，其次子耶律德光在述律太后的支持下，当上了皇帝，是为太宗。他登基后，在多方面控制、打击其兄耶律倍。耶律倍本为太子，但最后却客死他乡。后来耶律倍的势力逐渐强大，他们围绕着耶律倍之子耶律兀欲形成了一个集团。

太宗德光死后，耶律兀欲即皇帝位，但述律太后却欲立其三子耶律李胡，在拒马河边，两军对峙。后因耶律兀欲的势力较大，经人调解，述律太后方面妥协。耶律兀欲称世宗，后幽其祖母述律后及李胡于祖州圆土。世宗崩，耶律德光之子耶律碌又当上了皇帝，释放了李胡，但李胡之子喜隐又谋反，李胡又被幽于原处，后死于狱中。这种说法认为石房子就是幽禁述律后及李胡的监狱。

这种说法是否站得住脚呢？在辽朝，祭祀辽太祖及其先祖之地自然被视为圣地。如果说祖州石室是牢狱之类的设施，把它设在二仪等宫殿的东侧即衙署所在区，更合情理。将牢狱设在祭祀先祖的神圣之地，这与辽朝好鬼神、重祭祀的习俗是极不协调的，既亵渎了祖宗神灵，又对那里的安全构成了威胁。

再说用祖州石室这样的设施来囚禁罪犯，也正说明被囚禁者威胁性很大。而威胁性既然大，为何偏要置于祭祀圣地这一地区呢？很显然这有悖于常理。况且祖州石室内没有类似于火炕的取暖设施，保温性能极差，远不及岩洞，很难想象它是供人即使是供犯人居住之用的。

还有一种说法，认为石房子为当时辽人祭祀祖先的宗庙，在呼伦贝尔盟（现呼伦贝尔市）的嘎仙洞曾发现了鲜卑祭祀祖先的石室，而鲜卑和契丹又有一定的承袭关系，因此巨大的石屋好似鲜卑的石洞。

这种说法是否经得起推敲呢？建立北魏王朝的拓跋鲜卑，其先祖石庙，即今内蒙古呼伦贝尔盟鄂伦春自治旗之嘎仙洞。北魏太平真君四年告祭时的祭文刻石尚在。该洞硕大，南北长90米、东西宽40米、高20余米，当为拓跋部祖先穴居时代的住室，后人则以此作为祭祀祖先之所。这种祭祀先祖于洞窟的习俗，不单单是鲜卑族有，许多古老民族也曾有过。

有的民族现在仍保持这种习俗。在今西藏山南市泽当镇，有西藏四大“神山”之一的贡布山。山腰间有3个“仙洞竺”，传说是西藏人类始祖居住的地方，至今，一年四季香火不断。这种出于对祖先怀念而祭祀的洞穴，多为天然石洞，或稍作加工，风格、形制与祖州石室大不相同。

如果说祖州石室是与“鲜卑凿石为祖宗之庙”出于同一风俗，那么，祖州石室距山极近，似乎亦应凿岩建在山上，那才更合祖制，大可不必耗时费力地从几十里外剥采加工巨石，再运至祖州建成石室。并且鲜卑石室的洞门为西南向，而祖州石室之门却为东南向。因此可以断定，辽祖州石室并非什么建石室祭祀先祖风俗的遗存。

那么，这座石房子到底是有什么特殊的用途呢？20世纪初，林西天主教神甫牟里为此石房曾访问过当地居民，据当地的蒙古人介绍，屋隅昔有一白石神像，已被人打碎做了磨刀石，此外尚见有破碎的大绿釉瓦，这可能是解石房之谜的唯一线索。1994年，考古学者在赤峰阿鲁科尔沁旗宝山曾发掘过一座辽代大贵族墓，墓室中也有一巨大的石房，大小、形状与祖州石房酷似，只是在石房四周抹有白灰，上有彩绘。此石房为墓主人的尸房。那么祖州的石室是否和耶律阿保机的下葬有关呢？

根据史料记载，契丹的大贵族死后，有在外停尸的习俗，多则三载，少则几月，在此期间才营建墓葬。我们是否可以这样想象，祖州的这个巨大石室原来可能是停放耶律阿保机未下葬前尸身的地方？北壁的石炕，可能就是尸床。石室内温度较低，以便尸体保存。当耶律阿保机的墓葬建好后，移尸陵地，而在石室内立有辽太祖的塑像，以便让人瞻仰。林西天主教神甫牟里听到的此石房内曾有一白石神像，可能指的就是这回事。

不得不提的皇后

述律后，辽太祖耶律阿保机的皇后，名月理朵，契丹族右大部人，有政治远见，有军事才能，勇敢果断过人。公元916年，辽太祖建契丹国（太宗时改为辽），封述律后为“应天大明地皇后”。公元926年，太祖死，她以皇后身份摄政国事。

在她摄政期间，发生了一件举世轰动的大事，从此事之后，她被人称为“断腕太后”。这背后隐藏着什么样的故事呢？太祖驾崩后，关于继承人问题的各种矛盾不断加剧，为了能够在争夺中获胜，述律后在正式选举皇位继承人之前，就已经未雨绸缪，充分利用主持阿保机葬礼的机会清除政敌，而且表现得既果断又狠毒。

因为大臣当中支持长子和次子的都有很多，为了扫除以后政治上的敌对势力，她以传统的殉葬制度为借口，让一些和她作对的人为阿保机殉葬，说是让他们为她传话给阿保机。单这一个借口就总共杀掉了100名大臣。但述律后也付出了代价，失掉了一只手。

在她让汉人赵思温为阿保机殉葬时，赵思温不听。述律后就责问他：“你和先帝不是很亲近吗，为什么不去？”赵思温反驳道：“和先帝亲近谁也比不上皇后，如果皇后去，那我就马上来。”述律后驳道：“几个儿子还年幼，现在国家没有君主，我暂时不能去。”最后，述律后为了除掉赵思温这个难对付的大臣，竟狠下心来，将自己的一只手从手腕处砍断，这就是历史上有名的“太后断腕”的故事。

金太祖陵：兴也风水，败也风水

2003 年 9 月北京市文物局正式宣布，经初步考证，在房山区周口店镇龙门口村北的九龙山主峰下大宝顶前约 15 米处，一个原本被当地农民当作普通蓄水池的大石坑为金太祖完颜阿骨打的睿陵。猛然间，800 多年历史的凝重与英雄最终归宿的沧桑像皇城遗迹上呼啸而过的山风一样，向我们扑了过来……

北陵南迁之谜

金太祖完颜阿骨打，汉名完颜旻，起兵抗辽，创建了大金国，在位9年，征战半生，是个马上皇帝，正当英年时猝然病逝。天会元年（公元1123年）九月，金太宗率完颜氏家族子弟和满朝文武大臣，将太祖棺椁葬于上京宫城（黑龙江省哈尔滨市阿城区）西南，并建宁神殿，四时祭拜。

天会十三年（公元 1135 年）二月，完颜阿骨打被迁葬到一座风水极佳的高山下，曰“和陵”，到了金皇统四年，和陵被改称为睿陵。金贞元三年（公元 1155 年）十一月，海陵王将太祖陵迁到大房山云峰山下，选中了九龙山“主龙”龙首之下的龙衔寺安葬了金太祖，仍号睿陵。这就是历史上的“三葬太祖陵”的经过。

金太祖陵

古代社会特别注重龙脉一事，普遍认为挖掘祖陵会导致王气外泄，龙脉受损，对于江山社稷是极其不利的事情。当然，如果是祖宗显灵要求移陵，那就另说了。这也是海陵王敢不远千里地将太祖陵迁到大房山云峰山下的底气所在。

史书上有这样一个记载，海陵王完颜亮年轻时一直在会宁府（今黑龙江哈尔滨市）内演练武艺和攻读经书、兵法。一日，天气特别晴朗，他便纵马猎游，不知不觉中已到了金太祖陵前，即下马祭拜，三拜之后，突然晴天霹雳，顿时大雨滂沱，已然无法返回会宁府。守陵的陵户们见此情景，便请完颜亮休息一夜，待天明后再回会宁府。简单进食之后，完颜亮独自一人进入上宫席地而卧。

到了子夜，突然一阵亮光照得上宫四壁通透，完颜亮睁开了双眼，定睛一看，原来是祖父完颜阿骨打的牌位此刻金光闪闪，他感到非常惊恐，马上长跪不起。祖父完颜阿骨打告诉他他是长孙，命该袭位，称帝之后，必须做一件事，就是北部南归，北陵南迁。随后牌位灵光顿失，大雨骤停。

完颜亮心里泛起了滔天大浪，随即出殿上马直奔会宁府。是时，恰逢有一个守夜仆人看到海陵王急驰东去，天上有五彩祥云从天而过，飘向东方。很快，海陵王有帝王之气的传说传遍了大江南北。待海陵王弑君篡位登基称帝后，他念念不忘金太祖吩咐的“北都南归，北陵南迁”之事。这才有了“一个皇帝，三个皇陵”的说法。这也是中国历史上规模最大的一次帝王陵“搬家运动”。

为何选在了九龙山

金太祖陵于贞元元年（公元 1153 年）随都城迁到了燕京，海陵王命令堪舆师找了一年，也没有找到一处上佳的风水宝地。从堪舆学上说，一处上佳的风水宝地，前面至少要有两座“山”，即“朝山”“案山”，左右还应出现“护砂”。所谓“朝山”，就是朝臣站立的地方，“案山”则是皇帝放办公桌“案几”的场所；从位置上来说，“案”近而“朝”远。

海陵王见选陵址之事迟迟没有进展，就同他的私交，当时的全真教教主王处一商量。金贞元二年（公元 1154 年）的一天，海陵王邀王处一出外行猎，行至大房山大红谷时，王处一说此处可以选为陵区，大红谷因谷口外岩石裸露处的一片片石头和砂土呈现红色而得名。

行至九龙山时，王处一大喜，只见九龙山的九条山梁由高到低，依次顺势展开，九条山脊奔腾而下，正中一条高于其他八条，中峰正前方是高耸的山壁，近处则是一处中间低平、两边凸起的山冈；东侧有连绵不断的山头，西侧则分布着多个小山包。主峰下泉水环流，终年不息；层林重叠，紫气缭绕。九龙山的山形地貌正是风水宝地中的经典：远方高耸的山壁是“朝山”，近处低平的山丘则是“案山”，左右连绵山冈无疑就是天然“护砂”了，也就是风水学上所谓的“左青龙”“右白虎”了。

金太祖陵神道

王处一指着山峰走势告诉海陵王正峰的龙头处可以安葬金太祖，龙子龙孙可葬于侧龙处，而“九言其多”，预示着大金王朝可以千秋

万世，永不衰竭。海陵王听到这些，频频点头赞许。

这时，一头小鹿突然从草丛中跃起，向前奔去，海陵王赶忙拍马追赶，把王处一和一众侍卫都落在了身后。忽然山路一转，小鹿失去了踪影，前面是一座金光闪闪的寺院，海陵王觉得奇怪便追进了寺院，但更奇怪的一幕又出现了，恍恍惚惚间，海陵王抬头看见的不是佛像，而竟然是金太祖、金太宗等几位逝去的先祖坐在香案上。后来得知，此寺叫龙城寺，正好位于九龙山的中峰“龙头”上。

这样，海陵王更加相信王处一的话了。回到中都（今北京）后，海陵王便下令把金太祖、金太宗、金兀术的陵墓从东北迁来，把龙城寺的佛像肚子凿开，安放三位祖宗的牌位。在寺基上凿洞挖穴，安放了他们三人的灵柩。

至于王处一给海陵王指点陵寝为何偏偏选在九龙山，后人多有解释，最具神秘色彩的是，认为金朝历经九代皇帝，故又称“九龙”，九代之后，灵气散尽，金朝也将随之灭亡了。

兴也风水，败也风水

金太祖陵所在的九龙山在风水中堪称经典。不知道是不是因为这个原因，在金朝被灭以后，它仍然享受着后人的香火。

即使到了明朝初年，它仍是受到了明政府的优待，据说当时朱元璋为了修建皇陵，专门派人来大房山视察该地的风水，并做了一定的修整工作。到朱由校当皇帝的明朝天启二年（公元1622年），事情发生了变化，金太祖陵因为“泄王气、断龙脉”一事，而遭受了灭顶之灾，史称“天启掘陵”。

明朝皇帝好端端的为何要跑去破坏金人祖坟？是为了报复金人当年对宋陵的大举毁坏吗？这好像没什么理由，这个时候离金朝灭国已有300多年，此时因报复而掘陵没有什么现实的意义，如果真是因为这个，那大明王朝就显得过于儿戏了。如果不是为了报复，那又是为了什么呢？

这就不得不说到另外一个关外的民族——满族了。话说清太祖努尔哈赤统一了女真建州各部，于明万历四十四年（公元1616年）在东北建国，国号“金”（清政权前身，史称“后金”）。

起用这个国号的用意很明显，就是复兴当年女真人建立的金国。后金定都辽阳，举国一派生机，在和明朝的数次战争中，都把明朝击败，特别是萨尔浒之战和辽阳、锦州之战更把明朝打得一败涂地，对大明王朝已构成了严重威胁。而明朝由于宦官魏忠贤专擅朝政，腐败透顶，社会动乱，义军四起，政权摇摇欲坠。

朱由校眼看内忧外患，忧心忡忡，害怕大明江山就此断送在自己手上，到了地下无颜见列祖列宗。天启皇帝病急乱投医，听信了风水先生的话，认为后金是“金国余孽”，其兴起是300多年前入葬的京西大房山九龙山的金帝陵王气太盛，女真龙运未绝，遂采纳了破风水、断龙脉、泄王气的“妙计”。通俗点讲，此“妙计”就是挖努尔哈赤的祖坟，也就是金代最早的帝王陵寝——完颜阿骨打的睿陵。

天启二年（公元1622年），朱由校派人去九龙山掘陵。金代陵墓遭到毁灭性的破坏，他们把太祖睿陵主陵脉的龙头砍掉一半，在咽喉部挖一个深洞，里面填满鹅卵石，以断其“王气”，让女真这条“龙”成为死龙。还把陵墓地面上的建筑全部砸毁，甚至扒开墓道，掘开地宫，用散落在地的石柱、栏杆一类的建筑构件和乱石关塞死。连陵墓以外的金代墓葬也几乎无一不毁。

天启三年（公元1623年），明王朝为了震慑陵墓的“王气”，在陵墓的原址上修了许多关帝庙，遗址留存至今。在完颜宗弼（金兀术）墓上还有一座“皋塔”（现已被毁），请来与岳飞一道抗金的南宋名将牛皋，与关公一起，给大明王朝“抗金”。看来这天启皇帝为了抵抗金人入侵确实费了一番苦心，为了保住摇摇欲坠的大明江山，真是无所不用其极了。

带着问号出土的陵墓

古语有云，“塞翁失马，焉知非福”。明朝天启年间金陵的地面建筑无一幸存下来，但却因为这样，金太祖陵失去了地面上的标志，由此躲过了盗墓者的侵扰，获得了数百年的清静。2002年，北京市文物研究所发现完颜阿骨打的墓纯属偶然。

在一次野外考古调查中，考古学家们偶然发现一个蓄水池非常奇怪，里面堆了200多块大石头，每块都有一吨重，好像是为掩藏什么。这引起了考古学家们的极大兴趣。他们把这些石头搬开后，果然发现了一处石椁墓。经过一年多发掘，迄今已从该墓中出土四具石椁，其中的雕龙纹、凤纹的汉白玉石椁为国内首次发现，应为皇室专用。根据史书及有关文献记载，加上该墓坑位于整个金陵遗址中轴线上，专家初步判定该墓坑为金太祖完颜阿骨打的睿陵。睿陵没有出土大量的稀世珍宝，有的是一个又一个有趣的现象，一个又一个未解之谜。

首先就是金太祖陵的朝向问题，据说，在最初时，整个阿骨打的陵墓呈一只龟的形状，头部对着的方向就是东南，而阿骨打棺椁入葬的方向也是朝向东南。众所周知，古代社会，中原王朝帝王无论行走坐卧，全部崇尚“面南背北”，即使是陵墓的方向，也严格以南北方向为中轴线。

金太祖陵朝向东南，与中原截然不同，显示出了当时南北民族文化间的巨大差异。这究竟是什么原因造成的呢？有人说这是女真的一种习俗，女真族崇尚太阳，以太阳为神，故以东为尊。事实真的是这样的吗？中原王朝也曾有过一度的太阳崇拜，金乌神就充分体现了这一点。

那为何中原地区的墓葬都是南北向呢？或许这和各自的生活环境有关，北方草原地势平坦，一到冬天西北风肆虐，为适应这一环境，故一般的建筑都是坐西北，朝东南，久而久之，这成了北方游牧民族的共同习俗，反映在墓葬中就是当时北方所有民族的坟墓朝向都是东西走向。而中原民族北有高山阻挡，西北风难以深入，对其来说，坐北朝南一足以挡住西北风，二可以获得更

金太祖陵石椁

多的阳光，故中原民族全部崇尚“面南背北”。

金太祖陵的朝向问题到此暂告一段落，但是关于金太祖陵的谜团是一个紧跟着一个地蹦出来。

金太祖陵西南发现5座陪葬墓，其中有两座未被扰动的墓室。墓室四壁石条垒砌，外壁涂抹白灰，室内底部放置石棺床，木棺已朽，肢骨散乱。出土铜把铁剑、石枕、磁州窑龙凤罐及金“泰和”铜钱等遗物。据史料记载，金陵的陪葬墓中有大家非常熟悉的金太祖第四子梁王完颜宗弼，即金兀术的陵墓。可是由于其中3座墓被盗扰严重，我们无法断定金兀术是否在陪葬行列中。

金太祖陵的地宫，是一处在山体中开凿的石质地宫，四具石椁中正中偏北为完颜阿骨打的汉白玉雕龙石质残椁，另一具雕凤纹的石椁则出土了金丝凤冠。

在这两具东西放置的石椁旁边，有两具南北排列的石椁，虽然和龙、凤椁一样，都是“一椁一棺”规制，但它们的外观却无任何纹饰，考古学者称之为“素椁”。我们基本可以猜测它们里面是陪葬的妃子，可到底是谁呢？此外，靠近外侧的素椁内没有尸骨，而是骨灰，专家认定为是火葬，两个同时陪葬的妃子，为什么仅有一人实行火葬？

金太祖陵也是斩将台

太祖陵缘何被称为“斩将台”，这曾经也是一个谜团。解开这个谜团的关键是宁神殿。据金史专家介绍，最初的宁神殿位置就在太祖陵之上，是太庙也是供后人祭祀用的地方。开始时，这里只设了金太祖的御容，后来，对于在统一女真部族、伐辽战争中立有卓越功勋、做出杰出贡献的开国功臣，死后都追赠封号，绘影图形配享太庙，这也是一种最高的荣誉。

宁神殿除此之外，还有一个重要用途，那便是罚办高级将领之地。对于犯了错误需要严惩的高级将领，都要押到太祖陵前，向太祖请罪，轻者杖责，重者杀头。这也是太祖陵又称为“斩将台”的来源。宁神殿，在金代120多年中，是最受女真人崇仰之处。

许多著名的历史人物都到此朝拜过，许多重大的历史事件也都在此上演过。另一个重要的作用便是作为献俘的场所。金在伐辽攻宋的战争中，每当取得重大胜利，俘获敌方重要文臣武将时，都要举行献俘仪式。以此庆祝胜利，振奋军民。相传大辽帝国的天祚皇帝耶律延禧，北宋皇帝徽宗赵佶、钦宗赵桓都在国破家亡之后，被押解到这座陵前和他们的权臣一道跪拜，行牵羊礼，以示臣服。

话说公元 1127 年 4 月，金军大肆搜掠后，立原北宋宰相张邦昌为“楚帝”，让他替金人统治黄河以南地区。驱掳徽、钦二帝和宗室、后妃等数千人，回到北方去。当时正是农历四月，北方还很寒冷，徽宗、钦宗二帝和郑氏、朱氏二皇后衣服都很单薄，晚上经常冻得睡不着觉，只得找些柴火、茅草燃烧取暖。

宋徽宗等被掳人员到达金朝京师会宁府时，金人举行了献俘仪式，命令二帝及其后妃、宗室、诸王、驸马、公主都穿上金人百姓穿的服装，头缠帕头，身披羊裘，袒露上体，来到金朝阿骨打陵举行“牵羊礼”。金人还为两位皇帝起了侮辱性封号，称徽宗为“昏德公”，称钦宗为“重昏侯”。朱皇后忍受不了如此奇耻大辱，当夜自尽了。

金太祖陵宁神殿

西夏王陵：探究西夏王国的神秘钥匙

“贺兰山下古冢稠，高下有如浮水沤。道逢古老向我告，云是昔年王与侯……”。诗句中描述的古冢位于雄浑壮观的贺兰山脚下，饱经沧桑，却依然屹立不倒，仿佛在向世人展示着神秘王朝的昔日辉煌。它没有秦陵的铺张，没有唐陵的华彩，没有明陵的气派，没有宋陵的考究，却更表现出一种磅礴的气势。它默默地矗立在天地之间，任由后人述说敬仰，也宠辱不惊。这就是素有“东方金字塔”之称的西夏王陵。神秘莫测的西夏王陵以其诱人的魅力和与中原地区迥然不同的西夏文物古迹而散发出无限的吸引力，吸引我们去探寻那千年的神秘……

西夏王陵在何方

上溯 770 多年，西北大地有一个与宋、辽鼎立的少数民族王国——“大夏”封建王朝。因其位于同一时期的宋、辽两国之西，历史上称之为“西夏”。其疆域“东尽黄河，西界玉门，南接萧关，北控大漠，地方万余里”，最鼎盛时期面积约 83 万平方公里，包括今宁夏、甘肃大部，内蒙古西部，陕西北部，青海东部等地区。前期与北宋、辽平分秋色，中后期与南宋、金鼎足而立，被人形容是“三分天下居其一，雄踞西北两百年”。

但这样一个风云一时的王朝却也免不了历史的厄运。13 世纪，成吉思汗结束了蒙古草原上长期分裂的局面日渐强大，开始对外扩张和掳掠，首当其冲的便是西夏。22 年间，蒙古先后六次伐夏，其中成吉思汗四次亲征。经过一番血雨腥风，蒙古大军集中兵力攻下了西夏都城兴庆府。一个历经 189 年的王朝就这样灭亡了，党项族也随之消失，西夏文明更是从此湮灭。西夏王朝留给后人的是一个又一个谜团。

但后人并没有放弃对它的探寻，人们从那些废弃的建筑、出土文物和残缺的经卷中，寻找着这个古老王朝的踪迹。这样一个曾经风云一时的王朝会把帝王陵墓建在哪里呢？后人又是怎么发现这个隐藏了千年的秘密呢？

1972 年 6 月，兰州军区某部正在宁夏贺兰山下修筑一个小型军用飞机场。十几天之后，几个战士在挖掘工程地基的时候，意外地挖出了十几件古老的陶制品。它们当中有几个破碎的陶罐，还有一些形状较为规则的方砖。方砖的上面竟刻有一行行方块文字！战士们谁也看不懂。部队首长看过后，命令战士们立即停止挖掘工程，将这一情况迅速报告给宁夏博物馆。

西夏王陵

宁夏博物馆的考古人员来到距离银川市 40 公里的工程现场，对现场的保护做了必要的安排，同时开始进行抢救

性挖掘。10天之后，一个古老的墓室终于在这个坑道下重见天日。墓室中发现了一些武士像等巧夺天工的工笔壁画，同时还出土了一些古代精巧的工艺品及方砖等陶制品，方砖之上布满了一个个方块文字及花纹……经过考古人员仔细研究和测定，认为这是一个古代西夏时期的陵墓。而出土的方块字正是今天被人们看作如天书一般的西夏文。

千年之前，西夏文明突然湮灭在茫茫的历史烟尘之中。因而这项规模并不大的挖掘，却可以说是一个重大的发现。考古人员立即在这片荒漠中跋涉不已，以求新的发现。结果事实到底没有让他们失望——连绵的贺兰山背景中，一片无垠的野性大漠托起一个又一个金字塔形高大的黄土建筑，在广阔的西部天空下显得格外雄伟。

每个较大的黄土建筑周围，均环绕着方形的城墙等辅助性建筑，像一座座神秘的城堡。而它们的断壁残垣在风蚀日晒之中，却显示着一种永不屈服和沙暴磨砺的顽韧。当时，考古人员在这里共发现有高大墓冢的陵墓15座，并按调查顺序进行了首次编号。不久，他们终于认定这些雄伟的建筑正是西夏皇家陵墓。到这个时候，西夏王陵已经在这里静卧了千年之久！神秘的西夏终于向后人掀开了它盖头的一角。

此后近30年间，考古人员对矗立在荒漠中的西夏王陵进行了科学考察和研究，共清理出一座帝王陵、4座陪葬墓、4个碑亭及一个献殿遗址，从中发现了一些很珍贵的西夏文物。这些文物中有西夏文字，有反映西夏人游牧生活和市井生活的绘画，有各式各样的雕塑作品，有“开元通宝”“淳化元宝”“至道元宝”“天禧通宝”“大观通宝”等各个时期的流通钱币，有工艺精巧的各类铜器、陶棋子等文物。更让人惊讶的是，这当中出土了大量造型独特的石雕和泥塑。这些文物的发现为研究西夏文明提供了很有价值的实物参考。

与此同时，考古工作者还对陵区进行了多次全面系统的调查与测绘，并不断发现新的大小不等的陵墓。发现的陵墓由15座增加到70多座，后又增加到近百座、200余座。截至1999年共发现帝陵9座、陪葬墓253座，其规模与河南巩义市宋陵、北京明十三陵相当。专家证实，还有一些尚未发现的和由于贺兰山山洪等自然因素而消失的并不在少数，因此其真实数量可见一斑。东西5公里，南北10多公里，总面积50多平方公里，如此之大的皇家陵园在中国实属罕见。

何来“东方金字塔”之说

西夏王陵的具体位置在宁夏回族自治区银川市西约30公里的贺兰山东麓，坐落在贺兰山下一片奇绝的荒漠草原上。进入陵区，方圆53平方公里的9座西夏帝王陵园和200多座王公贵戚的陪葬墓一览无余。它是中国现存规模最大、地面遗址最完整的帝王陵园之一。这片博大雄伟的陵园建筑遗迹被世人誉为“神秘的奇迹”“东方金字塔”。

世人为什么称它为“东方金字塔”呢？它和真正的埃及金字塔又有什么相似之处呢？众所周知，金字塔是一种特定类型的建筑物，一般用作陵墓或者祭祀之用。因为它的外形像中国的汉字“金”，所以就叫它金字塔，其实与“金”并没有关系。

世界上最著名的有埃及金字塔、玛雅金字塔。西夏王陵之所以被称为金字塔，首先是因为它的外形上小下大，与圆锥体的形状很像，只不过陵墓的上部没有圆锥

西夏陵塔

体的上部那么尖，很像一个窝窝头，也很像“金”字，所以被称为金字塔。又因为西夏王陵内分布着很多大小陵墓，其规模与埃及的金字塔可以媲美，所以国外友人又称其为“东方金字塔”，将它与地球另一端的埃及金字塔和玛雅金字塔相对比，以示区别。

埃及金字塔和玛雅金字塔都因其神秘性而闻名于世，其实“东方金字塔”西夏王陵也不逊色。它虽然其貌不扬，但却蕴藏了许多无法解释的秘密。它犹抱琵琶半遮面的姿态着实令中外的学者和游人惊叹不已。

西夏陵园内最为高大醒目的建筑，是一座残高 23 米的夯土堆，状如窝头。仔细观察，其为八角，上有层层残瓦堆砌，多为五层。于是有学者认定，它在未破坏前是一座八角五层的实心密檐塔，“陵塔”之说便屡见报端。但塔式建筑缘何立于陵园之内，其功能、作用若何则少有人说得清楚。至于这座“陵塔”又为什么建在陵园的西北端，学术界的说法至少有四种，各执一端，争论了 10 多年不见分晓。

在精确的坐标图上，人们还惊奇地发现，9 座帝王陵组成一个北斗星图案，陪葬墓也都是按星象布局排列。这反映了古代人民的天文学和几何学知识已经达到相当高的程度，还是仅仅是一个巧合？联想到埃及金字塔对天文学、几何学及力学的运用已经达到了炉火纯青的地步，我们很难认定所有的这一切只是一个巧合，但是在生产力落后、生产工具简陋的条件下，西夏人究竟是怎么做到的？至今也无人知晓。

此外，西夏王陵的三大奇迹让这座神秘的东方古墓更加扑朔迷离。这就是传说中的“乌云不遮顶、流水不过陵、王陵永不朽”。乌云不遮顶，即指乌云从来不会出现在西夏王陵的上方。流水不过陵，西夏王陵一带地势平坦，被山洪冲刷出的道道沟坎纵横交错。这些不太深也不太宽的山洪沟里，生长着北方特有的酸枣树，树冠不大，但厚实油亮的绿叶却十分浓密。它们像一条条绿色的丝带，疏密相间地交织在方圆 53 平方公里的陵区里，网着那一座座高大突兀的陵墓。

令人感到神奇的是，没有一条山洪沟从帝王陵园和陪葬墓园中穿过。西夏建陵近千年，贺兰山山洪暴发不计其数。但是，沿贺兰山一线仅有西夏陵区这片土地没有遭受山洪袭击。原因何在？至今是谜。

况且王陵多为黄土打造，经过上千年的风吹雨淋，按理说早该流失掉了，现在的王陵虽然比起以前毁坏了不少，但依然屹立在这一片广袤的土地上，任凭风吹雨打，还真是历经千年而不坏。西夏人在修建王陵时一定采用了某种特殊的技艺，使得黄土堆积成的陵墓至今犹存，但这种特殊的技艺是什么，恐怕一般人难以知晓。

夕阳西下，暮色已沉，远处的贺兰山隐藏在一片黛青的雾霭中，神秘莫测的西夏王陵沐浴着最后的余晖，露出其难以解读的面容，像是在等待着自己的神秘面纱被揭开的那一天……

西夏帝陵发掘之谜

迦陵频伽

西夏王陵内现存 9 座帝陵，为裕陵、嘉陵、泰陵、安陵、献陵、显陵、寿陵、庄陵、康陵，坐北面南，按昭穆（古代宗法制度）宗庙次序排成东西两行。有 254 座陪葬墓。北端有一处三进院落建筑遗址，为陵邑（或宗庙）。东部边缘有砖瓦窑、石灰窑遗址，为陵区窑坊。

西夏王陵 3 号陵茔域面积 15 万平方米，是西夏王陵 9 座帝王陵园中占地最大和保护最好的一座，是旅游者经常参观的一座王陵。

3 号陵一般认为是李元昊的泰陵。考古专家对泰陵的月城东墙进行发掘，对困扰学界多年并引起广泛探索和争议的月城建制和结构有了新的认识，使这个问题有了新答案。清理的月城东墙长 52 米，在夯土墙下部发现了 18 对柱子洞以及草秸泥、红墙皮等残存遗迹。

专家根据出土文物和遗迹推测，墙基宽 2.4 米的月城东墙建筑施工过程，首先是按规划位置打夯土墙，版筑成型，夯土内按不同需要加进几根木椽，再在夯土墙两侧等距离加入立柱，立柱顶端用简单的木架结构搭出两面坡的屋面，在屋面上铺砌板瓦、筒瓦、瓦当、滴水。月城夯土墙高不会超过 4 米。夯土墙表面涂抹了几厘米厚的草秸泥，又用细泥红墙皮进行装修，显示出皇家帝陵的庄严和雄伟气魄。

较为重大的发现是，发现了一尊人面鸟身、双臂残缺的精美石雕像迦陵频伽。迦陵频伽是梵语的音译，汉语译作好音鸟、妙音鸟，由于史料中很少有记载，人们长期以来只知其名，未见其形。传说妙音鸟是喜马拉雅山中的一种鸟，能发出妙音来，佛教中称它为极乐世界的鸟。《旧唐书》中记载，唐宪宗元和年间，中亚国家曾向大唐进贡过这种鸟。

3 号陵中发现的雕像是分模合制，不是一次成形，头部、面部的雕刻十分细腻，具有相当高的艺术水平。整个器形为人头鸟身，双掌合一置于胸前，两手腕各戴一锡器，腹部呈蚕节状，两肋和尾部都刻一窄槽，用以插装翅膀和尾翼，腹部以下连接一方形空心基座。

从其鼻棱、眉弓来看，是中亚人头造型，比较具有西方文化意味。此次出土的迦陵频伽分大小两种，大的为灰陶质，通高 0.44 米左右，保身前倾作振翅欲飞状，头戴五角花冠，面相丰满圆润。小的为红陶质，通高为 0.39 米，头戴五角花冠，冠面饰连珠、莲花纹，面相丰

西夏王陵石像

腴而稍长，双眉弯如新月，凤眼微合下视。迦陵频伽是随佛教传入而首先出现在北魏时期的石刻上，广泛流行于唐代，这些石雕形象应是延续唐代传统而来的。

8 号陵的墓室虽然遭到破坏，但中室的后壁西北角还保留一段有弧度的残壁。东配室除西壁外，其余三壁还保存着，呈现弯隆式顶的方形土室形状。根据这些残痕，考古工作者认为是土洞墓弯隆顶。

这种形制，和汉唐流行的土洞墓形制相同，和党项贵族建国之前的“障水别流，凿石为穴，既葬，引水其上，后人莫知其处”的原始葬俗迥然不同。大家猜测，陵墓的这种变化，应是汉族封建文化影响的结果，足以说明西夏帝陵形制和唐代帝陵是基本一致的。当然，西夏帝陵的葬俗，除其基本方面仿照汉族风俗外，还保留着党项民族的某些固有特点及受到其他民族如契丹族葬俗的某些影响。

8 号陵墓主会是谁呢？一些学者进行了详细的考证。尽管陵园地面或墓室出土的文物都没有直接证据说明墓主是谁，但地表上有大量的西夏及汉文碑文，从这些材料来看，可以做出初步的判断。

学者们经过考释后认为，在汉文残碑中，有一块上面有“齐王以孺慕”五字，初步认为墓主应是李遵顼。按《西夏书事》记载：“遵顼……纯佑廷试进士，唱名第一，令嗣齐王爵。未几擢大都督主。”西夏皇建二年（公元 1211 年）秋七月，“齐王遵顼立，改元光定”。8 号陵为帝陵形制，李遵顼父亲不可能以帝陵安葬，这条碑文可说明 8 号陵墓主可能就是李遵顼。

这两个披着神秘面纱的帝王陵，在考古工作者的努力下，一个个千古之谜必将陆续被揭开。

成吉思汗陵：大草原上的迷人传说

成吉思汗，一代天骄。生前，他拉弓拔箭、戎马风云，震撼了整个世界；死后，他留给了我们无限的遐想。尤其是成吉思汗之墓，更是雾中之谜。目前，无论是私人收藏家的藏品还是世界各地的博物馆里，没有任何一件与成吉思汗有关的物品，哪怕是一柄短剑或是一件工艺品，那些东西是否都随着成吉思汗一起埋到了地下？近 200 年间，有 100 多个考查队寻找过成吉思汗的陵墓，但都没有结果。成吉思汗的陵墓究竟在哪，陵墓中随葬了多少的稀世珍藏？直到现在，这仍然是一个困扰着考古学家和探险家的不解之谜，成了大草原上最迷人的传说……

成吉思汗葬在何处

2004 年 6 月，在蒙古考察的日本和蒙古联合考古队语出惊人，宣布他们在蒙古首都乌兰巴托附近发现了成吉思汗的墓地。消息一出，民众大喜，真的吗？学者大惊，可靠吗？各种期待的、怀疑的目光集中到了“一代天骄葬在何处”的谜团中。

据记载，1227年成吉思汗病逝前，曾有遗嘱：为了骗西夏投降，“死后秘不发丧”。这年8月25日，成吉思汗死于西夏灵州（今宁夏灵武县）军中。西夏投降后，他们“奉柩归蒙古，不欲汗之死讯为人所知”。

为了切实做到“不为人知”，“护柩之士卒在长途中，遇人尽杀之”。当灵柩悄悄运到怯绿连河一带，在大斡耳朵（驻地、营地）举行葬礼时，参加者只限于诸宗王、公主，以尽量避免扩大影响。举行葬礼后，“以少数人奉其遗体至葬地”，埋在一棵树下。这样，若干年后，“少数人”一死，就不会有人知道成吉思汗的葬点了。

乍一看，成吉思汗墓葬确切的下葬点虽然不确定，但大概的方位在蒙古肯特山是不会错的。可事实上呢？1990 ～ 1993 年的蒙日联合“三河源”考察队的江上波夫号称为研究“骑马民族”之父，动用了航空勘察测量飞机，购买了几乎覆盖整个蒙古草原的卫星影像图、大比例尺地形图等资料，使用了当时最先进的仪器对地下 30 多米深处进行考察，花了近 3 年的时间在蒙古国成吉思汗起家的和林城周围像梳头发一样在草原上搜寻了一遍，考察面积有 1 万多平方公里，也没有发现成吉思汗陵的影踪。

成吉思汗陵

是他们工作有疏漏，或是遥感技术不可靠？这几乎

是不可能的。因为他们整整工作了3年多的时间，而遥感考古是目前国际上最先进的探查方式。这是怎么回事呢？是他们陷入了误区，测量区域根本不是成吉思汗陵墓所在？继蒙日联合考察团之后，1995年美国考古队利用GPS定位系统和更精确的卫星影像图进行了考察，耗时1年多，还是一无所获，最终得出结论，成吉思汗陵墓不在蒙古，而在中国境内。

成吉思汗墓在中国境内，真的吗？指的是鄂尔多斯高原上的成吉思汗陵吗？里面的确供奉着成吉思汗生前用过的一些遗物，还有一段骨头，但绝大多数的考古学者认为那绝不是成吉思汗本人的遗体，成吉思汗的陵墓还有待被后人发现。原因很简单，到目前为止，无论是私人收藏家的藏品还是世界各地的博物馆里，没有任何一件与成吉思汗有关的物品，哪怕是一柄短剑或是一件工艺品。

成吉思汗墓会在新疆北部的清河县的阿勒泰山吗？马可·波罗在他的游记中写道："在把君主的灵柩运往阿勒泰山的途中，护送的人将沿途遇到的所有人作为殉葬者。"事实上可能性几乎为零，如若马可·波罗所说是真的话，沿途之人尽遭杀害，他又是从何得知的呢？再者，新疆清河县虽然发现了一座经人工改造过的"大山"，但新的考古发现已经证明了他的主人不是成吉思汗，甚至不是蒙古人。

成吉思汗病死在宁夏六盘山，会不会死后就地安葬？成吉思汗死于8月25日，炎炎夏日，尸体不出数天就会腐烂，铁定来不及千里迢迢运回鄂尔多斯高原，更别说是更远的肯特山了。根据蒙古习俗，人去世3天内就应该下葬，或者天葬，或者土葬，或者火化，为的就是怕尸体腐烂，灵魂上不了天堂。

其实也不尽然，一是到目前为止，六盘山一带没有新的考古发现能够作为确凿的证据；二是北方少数民族有个共同的习俗，人死后最终都要带回故地去安葬，窝阔台死后不就是用两头毛驴驮着遗体回到蒙古肯特山安葬的吗？如此，成吉思汗死后极有可能也是如此做法。

或许，真正的下葬地在哪里将是永远的谜。传说成吉思汗生前有过嘱咐，不要让任何人知道他陵墓的位置。看来他的愿望实现了，或许这个时候，一代天骄正坐在他的王国里，笑看人间沧桑变幻。

秘葬习俗让墓葬无影无踪

成吉思汗墓葬地之所以成为一个谜团，和蒙古族实行的"秘葬"习俗有很大关系。成吉思汗病逝后，他的继承者为了确保成吉思汗的英灵能得以永世安息，不被后人骚扰，其安葬之地成了元帝国以及以后数百年间最大的秘密。

古代蒙古“秘葬”习俗两个最主要的特点是：一、葬礼简单，刳木为棺。二、墓地保密，埋入地下，不起坟冢，不设标记。1246 年来到蒙古的罗马教廷使节也详细描述：“他们秘密地到空旷地方去，在那里他们把草和地上的一切东西移开，挖一个大坑，在这个坑的边缘，他们挖一个地下墓穴”，放入死者后，“他们把墓穴前面的大坑填平，把草仍然覆盖在上面，恢复原来的样子”。

为了便于日后能够找到墓地，在成吉思汗的下葬处，当着一峰母骆驼的面，杀死其亲生的一峰小骆驼，将鲜血洒于墓地之上。等到第二年春天绿草发芽后，墓地已经与其他地方无任何异样。待后人要祭祀成吉思汗时，便牵着那峰母骆驼前往。母骆驼来到墓地后便会因想起被杀的小骆驼而哀鸣不已。祭祀者便在母骆驼哀鸣处进行隆重的祭奠。

在元人文献中没有留下任何有关成吉思汗陵墓的文字记载，没有记载帝陵位置、陵号，而是统称为起辇谷。更绝的是，成吉思汗埋葬后，葬地种了许多树木。以后，树木丛生，成为密林，不复能辨其在何树之下。看来，元朝统治者为了保守这一秘密，还真是煞费苦心哪！

此外，根据民间传说，为了确保其陵墓的具体位置不为外人所知，成吉思汗手下的将军们先是修建了许多真真假假的成吉思汗陵，在下葬之日同时出发，然后调集成千上万匹骏马将埋葬成吉思汗的真陵墓的隆起踏实踩平，再植上丰茂的牧草，使成吉思汗陵与周围环境浑然一体。参加成吉思汗葬礼的 2000 余人被 800 名彪悍的蒙古勇士悉数屠杀，而这 800 名蒙古勇士随后也被全部杀害。这一“天”字号机密最终被带进了坟墓。

成吉思汗墓是否有宝藏

蒙古实行秘葬制度，成吉思汗墓葬准确的下葬地无人知道，况且要在广袤的草原上探寻一座规模不大、地面又无标志的陵墓无疑是难比登天。为何如此之难，各国的成吉思汗考察活动还是在继续升温呢？为何元朝要紧守成吉思汗陵墓的秘密，真的仅是“秘葬习俗”使然？为什么蒙古拒绝任何外国考察团在蒙发掘，真的只是怕打扰祖先英灵，还是有什么别的目的呢？

答案就是墓葬中可能存在的宝藏。一位蒙古专家预言：成吉思汗的陵墓里可能埋藏着大量奇珍异宝，里面的工艺品甚至比秦始皇陵出土的兵马俑还要壮观。如果找到了成吉思汗的下葬地，那将让发现失落的特洛伊城和出土图坦卡蒙陵墓的轰动效应相形见绌——图坦卡蒙是古埃及第十八王朝国王，其陵墓是英国埃及学家H.卡特于1922年发现的，轰动了世界。发掘时墓室完好，内有金棺、法老木乃伊及大量珍贵文物。这并非危言耸听，因为成吉思汗的陵墓里可能埋藏着他从20多个王国搜刮而来的无价珍宝，这些都是吸引私人考古队前赴后继的原因。

可以说，成吉思汗去世770多年来，寻找成吉思汗陵的活动就从来没有中断过。不少寻找成吉思汗陵者，就是冲传说或推测之中的财宝而来。尤其近十几年来，匈牙利、波兰、美国、日本、意大利、德国、法国、加拿大、俄罗斯、土耳其、韩国等十多个国家都投入了大量人力、物力，竞相开展了寻找成吉思汗陵的工作，为的也就是这个从未面世的神秘宝藏。

事实上，文献上没有陵墓中藏有宝藏的记载。是陵墓中真的没有宝藏，还是元朝统治者为了祖先的英灵不被打扰，故而在文献上没有留下丝毫的记载？史书中没有任何的相关记载，又怎会产生这样的传言呢？

据说是和两件事情有关，一是有个波斯人写了一本《世界征服者史》的书，他在上面提到成吉思汗死后，窝阔台即位，他的第一道令便是按习俗为成吉思汗的英灵散发食物三天，并从氏族和家族中挑选40名美女，她们穿着用黄金和宝石装饰起来的贵重衣服，与一些骏马一齐作为祭品。另外一件事就是西方的一个人看到忽必烈的弟弟死的时候，陪葬了大量珠宝、黄金等。西方的考古学者和探险家们据此推测，成吉思汗的墓葬中肯定随葬了更多的珍宝、黄金。

成吉思汗的陵墓是否存在鲜为人知的宝藏，都有哪些价值连城的稀世珍宝，看来只有天知道了。

成吉思汗显灵，逼退美国考古队

成吉思汗墓葬中存在大量的稀世珍宝，目前看来这虽然只是个传言，但也足够叫那些有心人心痒痒了，毕竟成吉思汗横扫欧亚各国，掠夺而来的珍宝太多太多都不知去向。故而一次次考察无功而返丝毫没有影响各国考察团对成吉思汗墓葬的兴趣，他们依然前赴后继奔赴草原。在众多的考察团中，最值得一提的就是美国富翁穆里·克拉维兹的探险小组了。

2000 年 8 月，美国的探险家、亿万富翁穆里·克拉维兹率领他的由科学家、考古教授和翻译组成的考古探险特别小组，信心十足地来到乌兰巴托寻找成吉思汗陵墓。2001 年 8 月 16 日，探险队向外界宣布“找到了成吉思汗的陵墓”，墓地在乌兰巴托东北 300 多公里处的森林中，可惜后来被证明是匈奴墓。2002 年 4 月，这个考古队在蒙古首都乌兰巴托东北 322 公里处的肯特省巴士利特镇（音译）发现了一个由城墙环绕的墓地。这个古墓被称为“非常可能是成吉思汗的陵墓”。

奇怪的事紧接着就发生了。4个月后，考古队突然宣布放弃挖掘行动并撤出蒙古。眼看胜利的果实就要收获了，是什么原因让这位痴迷成吉思汗的探险家突然间放弃了多年的梦想，是什么力量迫使他草草收兵，并且如此慌张地撤出蒙古？据说是考古队受到了阻止。因为按照蒙古的传统观念，挖掘土地会带来坏运气，而触动祖先的坟墓会毁灭他的灵魂。所以，当蒙古国民众得知这一消息后，纷纷强烈反对挖掘，蒙古国政府也勒令考古队停止挖掘并撤出那个地区。因此，主要投资者克拉维兹不得不宣布停止考察活动。

真的是这样吗？民间流传着这样一个说法：美国考古队开始发掘后，陵墓的墙壁中忽然涌出许多毒蛇，咬伤了一些工作人员，考古工作被迫搁浅；并且他们停放在山边的车辆也无缘无故地从山坡上滑落，考古队员的生命安全受到了威胁。车无缘无故滑落是人为故意造成的还是不可知的力量在起作用？奇怪的事相继发生，是纯粹的巧合还是冥冥中的因果循环？莫非真是成吉思汗显灵，逼退了美国考古队？

说天地有灵气，或许，其中还真有些说不清楚的缘由。

末代王爷揭秘成吉思汗陵

面对一些媒体热炒关于日、美等国找到成吉思汗墓葬的消息，成吉思汗的第 34 代嫡孙、中国最后一位蒙古王爷奇忠义先生只是淡然一笑。

成吉思汗死于现在的宁夏回族自治区的六盘山，当时正是夏季，气候炎热，遗体不可能运出很远，秘葬在鄂尔多斯境内的可能性很大。位于中国内蒙古自治区鄂尔多斯市伊金霍洛旗的一代天骄成吉思汗陵，难道真的仅仅是先祖成吉思汗的衣冠冢？或许陵棺中藏着许多不为人知的秘密。

根据蒙古习俗，蒙古人没有肉身崇拜的传统，认为人的肉身来自大自然，去世了也应该回归大自然。早日安葬，灵魂方可升天。因为信奉萨满教，祭奠先人主要是祭灵魂，不是祭尸骨。按照蒙古民族的习惯，人将死时，他的最后一口气——灵魂将离开人体而依附到附近的驼毛上。根据记载，吸收成吉思汗先祖最后一口气——也就是灵魂的驼毛，几百年来就收藏于鄂尔多斯成吉思汗陵。

先不论关于驼毛的传说是真是假，驼毛真的能够吸附人的灵魂？驼毛真的在成吉思汗的衣冠冢里？这些都不是人们最关心的，人们关心的是：成吉思汗真的秘葬在鄂尔多斯境内？成吉思汗的肉身真的就那么草草处理了吗？那个秘密的肉身下葬地究竟在哪儿？

苦苦寻觅究竟为了什么？或许那里随葬着的神秘的宝藏，才是人们追寻的最终目的。

“勇士们，让我们跨上马吧！”这是当年一代帝王成吉思汗率蒙古大军出征时说的一句话，如今却激励着世界各国的考古学家们进行“寻找成吉思汗墓葬”之旅。多少个世纪过去了，他们几乎搜遍了整个蒙古大草原，有的动用地雷探测器甚至卫星摄影技术，然而都无一例外地空手而归。

近年来，不少考古队声称找到了成吉思汗陵，但却均热闹一阵后又偃旗息鼓了，留下的种种线索反令成吉思汗陵更加扑朔迷离。或许，这将是一个亘古的谜。

图书在版编目（CIP）数据

谜案重重的王陵 / 胡岳潭著 . —北京：台海出版社，2018.8
ISBN 978-7-5168-2036-0

Ⅰ . ①谜… Ⅱ . ①胡… Ⅲ . ①帝王 – 陵墓（考古）– 研究 – 中国 Ⅳ . ① K878.84

中国版本图书馆 CIP 数据核字（2018）第 171905 号

谜案重重的王陵

著　　者：胡岳潭

责任编辑：王　萍　　装帧设计：仙　境
版式设计：阅众时刻　　责任印制：蔡　旭

出版发行：台海出版社
地　　址：北京市东城区景山东街20号　　邮政编码：100009
电　　话：010–64041652（发行，邮购）
传　　真：010–84045799（总编室）
网　　址：www.taimeng.org.cn/thcbs/default.htm
E – mail：thcbs@126.com

经　　销：全国各地新华书店
印　　刷：玉田县昊达印刷有限公司
本书如有破损、缺页、装订错误，请与本社联系调换

开　　本：710mm × 1000mm　　1/16
字　　数：250千字　　印　　张：13.5　　彩　　插：1
版　　次：2019年1月第1版　　印　　次：2019年1月第1次印刷
书　　号：ISBN 978-7-5168-2036-0

定　　价：48.00元